# 「聴く力」をみがきキャッチングに卓越した教師になる

― 子どもを育む知恵とワザをあなたに ―

前田勝洋著

黎明書房

### プロローグ

# 「話すこと」よりも「聴くこと」に軸足を置く

　学校というところは，子どもたちに授業を通して「学力をつける」ことが主たる目的であるように考えられています。まったくその通りであると思います。しかし，その一方で，子どもたちの「人間的な成長」には，教科の指導だけではまかないきれない側面が多々あるように思います。

　教室での担任教師と子どもたちとのかかわりの多くは，一斉授業の場で行われます。それは中学校では「教科担任制」もあって，とても顕著なことです。担任と「一人の子ども，生徒」とのかかわりは，どうかすると皆無なまま毎日が過ぎていくこともあります。それは，不思議なことでもなんでもありません。

　私は小学校に勤務する前に，6年間中学校で社会科の教師として担任をしながら過ごしていました。1年生から3年生まで持ち上がると言っても毎年クラス編成が行われます。当時勤務した中学校は7クラスの学年でした。だから，毎年毎年新しい生徒との出会いであったように記憶しています。

　朝のST（ショートタイム）と週に数時間の教科の授業，昼の給食時と掃除の時間が，自分の担任した生徒との「ふれあい」の時間であったと言えましょうか。授業後は部活動の指導が待っていました。そんな中で生徒の人生を左右するような進路指導もしなくてはなりません。

　ただでさえ，思春期真っただ中の難しい時期です。私のような未熟な教師に，生徒の何をとらえて「指導」することが可能でしょうか。

　私は悩みました。そして，結局は二つのことを自分に課したのです。一つは「毎日，生活記録を書かせて，それに朱筆を入れて必ず生徒に返

す」，もう一つは「掃除の時間に学校の裏山にベンチを用意して，そこで毎日毎日生徒と個別に雑談する」ということでした。

　掃除の時間に掃除指導をしないで雑談することが，他の教師にバレたら，こっぴどく叱られることを承知で行ったのでした。そうでもしなかったら，私のような力量のない，アンテナの低い教師には，「生徒に寄り添った指導は不可能だ」と強く思ったのです。

　その手法は小学校教師になっても，私の基本的な実践軸になっていました。

　今の世の中にも，様々な問題や不祥事が山積しています。学校にかかわる問題で言えば，不登校，学力不振，いじめ，体罰などがあり，世の中には，虐待，いじめ，ひきこもりなどなど，事例を挙げるに事欠かないほど，厳しい時代になっています。

　私自身が思うことの一番大きなことは，子どもや生徒が「孤立している」「断絶している」ということでしょうか。彼らの心に寄り添い，声なき声を聴く姿勢が，世の中全体から失われてきているように思います。決して子どもや生徒だけの問題ではなく，親や社会の大人にかかわる問題が山積しているのです。

　教師の仕事ということを思う時，それは「指導」という言葉に象徴されるように，「教える，説明する，伝える，叱る，ほめる，なぐさめる，いたわる」ということでしょうか。その中でも教師の力量として磨いてほしいのは，「子どもや生徒に寄り添う教師」であってほしいということです。

　子どもや生徒に寄り添うことは，その子ども，その生徒の抱えている「事情」を知り得ていないとできないことです。「その生徒とつながる」「その生徒の悩みや希望を理解する」ことを抜きにして「寄り添うこと」は，

不可能に近いことです。

　それはとても手間暇のかかることです。「教師の多忙化」が言われている学校現場には，その余裕はないようにも思えます。しかし，それでほんとうによいのでしょうか。

　私は，今こそ教育実践の原点を見つめていく必要性を強く意識しています。それは，まずは，「教師が子どもや生徒の悩みや希望を聴く姿勢になること」「親や地域社会の大人のストレスをキャッチングすること」であり，授業においても，子どもや生徒の「わからなさ」を起点にした意見や考えをしっかり「聴く耳と目を持つこと」だと思うのです。

　私たち教師が，日常的に精進していかなくてはならないことは，「子どもや生徒の成長に積極的にかかわろうとする（寄り添う）実践活動」だと思います。それを抜きにして，新たな教育システムの開発も，授業改革も無意味なものになっていくのではないかと考えます。

　この本では，そうした教師になるために，「聴く」という営為を軸にした教師の力量向上をいろんな角度から見ていこうと試みました。今一度立ち止まって自分の仕事の意味を問い直してください。問い直すものは，観念論ではなく，実践論としての子どもを育む「知恵とワザ」です。

　この本がみなさんの日々の「仕事」に生かされんことを心から願っています。

# 目　次

**プロローグ**　「話すこと」よりも「聴くこと」に軸足を置く　1

## Ⅰ　新任教師との「勉強会」から見つけた知恵とワザ ── 7

1　希望に胸をふくらませる新任教師との出会い　8
2　騒然とした教室と疲れ切った教師たち　10
3　教室訪問から見つけたこと　12
4　教師がしゃべりすぎない授業を目指す　14
5　「うなずき」の中に込めた作戦　17
6　江口先生の悩みを共有する　19
7　「個」の声を聴くツールをいくつ持つことができるか　21
8　初任者指導員との連携を密に　22

## Ⅱ　「聴く」という教師の振る舞い方を考える　25

1　子どもは先生に「見てほしい」「聴いてほしい」　26
2　目と目でアイコンタクトを　28
3　教師はピッチャーではなく，キャッチャーに　29
4　「それで……」「だから……」で子どもの考えを聴き出す　31
5　対話的な授業での話法を教える　32

6　「はい，ほかに」は教師の禁句　33
　　7　立ち止まって考えを深める場をつくる　35
　　8　子どもが「説明する」仕方を教える　37
　　9　ペアトーク，グループトークの仕方を教える　38
　10　対話的な場づくり（コの字型，円形）を習得させる　40
　11　指導案を職員室に置いてくる決断を　41
　12　板書計画を突き破る子どもを待つ習練　42
　13　「学びの感想」を生かすワザ　44

## Ⅲ　「個」としての子どもに向き合う教師の精進を ——— 47

　　1　傾聴する，共感する「うなずき」の極意　48
　　2　「叱る時と場」を整える　50
　　3　生活記録（日記）への朱筆に心をこめる　51
　　4　一本の電話と家庭訪問の効用　54
　　5　学級名簿を活用した「子どもを見落とさない」ワザ　57
　　6　通知表の記述の仕方を問う　59
　　7　保護者に開かれた学校現場にしていく　61

## Ⅳ　「聴くこと」に徹したリーダーとしての教師の精進 ——— 63

　　1　「筋を通すシステム」はいかがなものか　65
　　2　下座に生きる　66
　　3　対極に学ぶ　68
　　4　ピンチこそチャンスだ　70

- 5 週案簿こそ「聴く場」　*72*
- 6 ちょっとした現職研修の場づくりを　*74*
- 7 教師の成長の過程を意識してとらえる　*77*
- 8 「雑談会」を意識して行うリーダーに　*79*
- 9 保護者との対応の出番を覚悟する　*81*
- 10 学校を「ひらく」　*86*

**エピローグ**　私の体験した「入院生活」から思うこと　*89*

# I

# 新任教師との「勉強会」から見つけた知恵とワザ

## 1 希望に胸をふくらませる新任教師との出会い

　その年の4月，私が校長をしている学校にも，2人の新任教師が赴任してきました。1日は辞令伝達式。2人は緊張した面持ちで本校の職員の前であいさつしたのです。吉田先生は男性新任教師，江口先生は女性新任教師。新しいスーツがまぶしいくらいです。

**新任教師との夕食会**
　その日の夕刻，私は2人を誘って夕食会に行きました。これは私が校長になって，いつも行っていることです。だから，前々から2人には告げてありました。3人での食事会。2人は緊張していますが，満面の笑みです。

**笑顔の新任教師**
　「ぼくは，教員採用試験に2度も落ちたほどの落ちこぼれ人間かもしれませんが，なんとかこれからはがんばって，同級生に追いつきたいです。やる気は十分です。」吉田先生は，緊張の中にも笑顔いっぱいで話を切り出しました。

　「私は，ほんとうは中学校の国語の教師になりたかったのですが，教育実習の時に，指導してくださった先生から，『あなたは低学年の教師に向いている』と言われたので，小学校の採用試験を受けました」とやはり笑顔いっぱいで江口先生は話すのでした。

**現場は厳しいが焦らないで**
　「まあ，とにかくおめでとう。私はあなたがたが元気で今日の日を迎えることができたことを心からお祝いしたいと思うよ。教育実習で体験しているから，少しは理解できるかもしれないが，実際学校現場で担任してみると，なかなか厳しいことも多々あります。でも焦らないで，いらだ

たないでやってほしいと思います。」「今見ていると，2人とも健康そうだけれど，学生時代とは違って，朝も早いし，仕事は過密な面もあるから，健康には留意して。忙しいかもしれないけれど，時間があったら先輩教師の教室で授業を見させてもらって，やり方をマネすることから始めてほしいなと思うよ。」

2人の目はキラキラ輝いていました。笑顔いっぱいで，顔が紅潮しています。「若いということは，何ものにも代えがたいことだ。きっと子どもたちも，あなたがたのことを歓迎してくれると思うよ」と私。

**心に残る教師とは**

話はどういう教師像が理想かを語り合うことに話題が膨らんでいきました。その時に私は，「あなたがたの子どもの頃からの学校生活で，一番心に残っている先生は，どんな先生だろうか」と問いかけました。

「ぼくは，やっぱり親身になってくれた先生の思い出が焼き付いています。自分が5年生の時に病気で入院したのですね。その時に病院まで来てくれて，『ゆっくり治しておいで，君ならすぐに挽回することができるから，大丈夫だよ』と言って，握手をしてくれた……その握手の先生の手の温かさというか，やさしさというか，それが忘れられません。」吉田先生は，目をうるうるさせながら，思い出したことを語ったのです。

江口先生は，「私も同じようなことだけど，小学2年の遠足で，足を痛めて歩けなくなった時，少しの間，担任の先生が背中におぶってくれました。その時，すごく恥ずかしい気持ちにもなったけれど，先生の背中の温かさというか，大きな背中にこの先生でよかったなあと思いました。

子どものことを本気で考えられる教師になりたいです」と話したことです。吉田先生も大きくうなずいています。

夕食会は、これからの抱負を語り合ったり、これまで出会った先生の中での思い出深い先生方のエピソードを振り返ったり。たのしいひとときになったのでした。

## 2　騒然とした教室と疲れ切った教師たち

　5月のゴールデンウィークが終わりました。いよいよ学校も本格的に始動する時期になってきました。

　私は校長として、ただ校長室に閉じこもっていることは、嫌いでした。「校長の現場」もやっぱり子どものいる、担任教師のいる教室だと考えていたからです。

校長、担任の授業を見る

　そんなことで時間がある時は、「教室訪問」を常としていました。先生方には、「学校中で一番暇にしているのが校長です。書類の決裁をしたり、新聞を読んだり、お茶を飲んだり……、しかしそれは、中心の仕事ではありません」「この学校で何かが起きた時、その責任は私にあります。報道機関に名前が載るのは私です。だから、私もみなさんと一緒になって苦楽を共にしていこうと思っています」と宣言しました。

　だから、私は日々教室を訪れ、その担任の先生の授業を、子どもたちがどういう状態で学ぼうとしているかを参観していたのでした。先生方の中には、「校長先生、先生が教室に入ってきて、座って見ておられると、とても緊張して私は授業ができなくなります。だから、どうか見に来

# I　新任教師との「勉強会」から見つけた知恵とワザ

る時には事前にこの時間ですとか，言っていただけませんか。とにかく私も覚悟したいので……」という人もいました。「ごめんなさいね。そんな負担をかけているとしたら，申し訳ないので，これからは先生の見てもいいよという授業を参観させてもらいます」と約束した先生もいました。

その頃，若い新任の２人はどうしていたのでしょうか。

**落ち着きのない新任教師の教室**

吉田先生の教室の前を通りかかった時，吉田先生の大きな声が聴こえてきました。理科の授業をしていました。一生懸命３年生の子どもに，ヒマワリとホウセンカの苗を比べさせているのです。でも多くの子どもたちは，あまり興味がないのか，私語をしていたり席を離れたりして，見ていません。私が教室に入るとあわてて先生の方を向く子がいます。そんなこんなで私は「なかなか厳しいなあ」と思いながら授業を参観していました。

江口先生は２年生の担任です。すでに江口先生は，この１週間ほど「声がかすれて出なくなりました」と嘆いています。「子どもたちが，席から離れるのです。そういう子が増えてきて……私のやり方が悪いのでしょうね」と今にも泣きそうになって言いました。

私は，「ごくろうさま。どうだろうか，吉田先生と江口先生と私で，少し雑談しながら，勉強会をしませんか」と話すと，２人は「お願いします」とペコリと頭を下げるのでした。

## 3　教室訪問から見つけたこと

**校長室で新任教師と雑談**

　ある日の夕方，2人の教師は，校長室で私と雑談していました。2人の表情は，あの辞令伝達式の後の夕食会で見せた笑顔には程遠い疲労感を浮かべています。でもその一方でなんとかしなくてはいけないという気持ちも伝わってきます。私は，2人の「この2ヵ月間を過ごしてきて，思っていることを話してみよう」ということから，始めました。

　吉田先生は，「とにかく子どもたちに落ち着きがないのです。だからどうしても叱ることが増えてしまって……ついつい大きな声で……しかも同じような子どもが注意の対象になるのですね。そうすると4月の初めの頃は聴いていた子どもも今はなかなか私の言っていることを素直に聴かなくなって……直そうとしないのですね。だから私の顔つきもだんだん厳しい顔になっていると思います」とポツリポツリと話し始めました。

　江口先生も，「私は子どもたちの甲高い声に負けてしまうのですね。それで，子どもたちに負けないように大きな声を出すと，だんだん疲れてきます。そんなこともあって，声が出なくなってきています。それが今一番の悩みです」。

　その日は，何をどうやったら改善できるかを結論づけるのはやめようと，私は思いました。2人の教師に納得感のある知恵やワザを習得してもらうためには，自らがそれに気づき，見つけ，改善への一歩を歩むことが必要ですから。

　そんなことで，「どうだろうか，明日は確か新任教師の

研修が設定されていない日で、あなたがた2人も空いている時間があるよね。そこでだ、一度校内を私と一緒に見回って、他の先生方がどういう授業をしているか、どんなやり方をしているかを見つけてこようか」と提案したのです。2人は「はい！」と言って、その日は終わりました。

**授業を3人で見て回る**

次の日、3時間目の授業を3人で見回ることにしました。この学校は各学年3クラスの学校です。低学年の教室から順々に回ることにしました。「2人ともアッと思うようなびっくりしたことを2つは見つけてこようね」と約束して。特別支援学級を含めて20学級の教室を回るためには、そんなに時間はありませんが、2〜3分もいれば、その教室の雰囲気は若い2人にも見つけられるはずです。

**新任教師2人が気づいたこと**

そんなことで順繰りに見て歩きました。2人は興味津々でメモをとりながら、参観したのでした。

その日の夕方、校長室でお互いに見つけたことを語り合う場を持ちました。吉田先生は、「とにかく先生方があまり大きな声でしゃべらなくても、子どもたちが聴いていたり発言したりしています。これが一番です」。

**大きな声でしゃべらない教師たち**

江口先生は、「私も同じで、私のように叫んで授業をしている先生は一人もいませんでした。それに子どもたちは『はい、はい』と大声で言わなくて黙って挙手しています」。吉田先生もうなずいています。「そうそう子どもたちが落ち着いているなあ。何でかなあ」と首を傾げています。

**板書の量が少ない**

「先生方は、黒板に書いている字が、とてもきちんとしていて、私の書く量よりも少ないのですね。色チョークもみなさん使ってみえます」と江口先生。「何で黒板にたくさん書いてないのかな」と私。「黒板に書くことに一生懸

命になると子どもに背中を向けている時間が長くなり，その間に子どもたちが落ち着かなくなる」と江口先生が言うと，吉田先生も「ぼくもせっかく発言した子どものためにも全部書こうとしていたけれど，それはやっぱり背中を向けている時間が長すぎて間延びをしてしまう」。

**挙手が多い**

そして何よりも印象深かったのは，「たくさんの子どもたちが挙手している姿」でした。「ぼくの教室では限られた子どもしか挙手しない」と吉田先生。江口先生もうんうんとうなずいています。

**学校の学習規律の確認**

私は4月当初に行った，「学級開き授業開きのためのこの学校の約束事」を改めて2人と読み合うことをしたのです。そこには，「黙って挙手する」「何人くらい挙手したら指名を開始するかを子どもと約束する」「黒板は3色のチョークで簡潔に書く」「授業は延長しない」「ベルタイマーの活用」など，2人の教師が見つけたことが，「学習規律」として書いてありました。

4月初めにみんなとやったはずなのに，「すっかり忘れていた」というのが，2人の共通したショックなことでした。「明日から，もう1回，この学習規律を子どもたちと一緒になって，ていねいに教えていこうね」と私は促して，その日は終わったことでした。

## 4　教師がしゃべりすぎない授業を目指す

**学習規律の徹底を一からやり直す**

2人のその後（5月の下旬）は，まさに他の先生方が4月当初にしていた「学級開き授業開きの学習規律」を子ど

もたちに一から教え直していく期間になりました。私もできるだけ2人の授業を参観する回数を増やして見守ることにしたのです。

　確かに，子どもたちは学習規律を教えていく過程を通して「約束」を守りながら，授業をするようになってきました。しかし，どうもそれだけでは，落ち着いた，集中した授業になりません。私は2人にそのことを話しました。

　「2人ともに共通していることは，説明が多かったり，子どもの発言を繰り返したりして，しゃべることが多いことだね。なんとかしゃべることを少なくできないだろうか」と提案したのです。2人は怪訝そうな顔をして「やっぱり多いですか。でもどうしても教えることが多くて，指導書などを見ると，あれもこれも落としてはいけないと思って……」と吉田先生が言うと，「私も子どもが発言したことでも，もう一度自分で説明しないと心細くなって……ついつい付け足し的なしゃべりが多くなってしまいます」と江口先生も言います。「私があなた方の授業を参観していて思うんだけどね，その説明や付け足し的な話はほとんどいらないと思うよ」と私。

**指導書を見ない指導をする**

　「エッ」2人は同時に声をあげました。「あなたがたは指導書に縛られすぎです。指導書に書いてあることを教えなくてはと必死になっていて，余裕がありません。だから，あなたがたは，しゃべっていないつもりでもすごくしゃべっているのですね。どうだろうか，これから指導書を見ないで授業をしてみては」と私。その私の話にびっくりして，「そんなこと，できるんですか」と身を乗り出してきたのです。

私は2人に国語の市販のテスト（業者テスト）を校長室に持って来させました。私の学校では，本来ならば教師がテストを作成するのが本意ですが，そこまでの仕事をする余裕がありません。そんなことで4教科については，市販のテストを採用しています。

**市販テストを使う**

　そこでまだ授業をしていない教材のテストを1つ抜き出させました。「2人とも，それらの物語の教材をこれからやるのだね。その教材のテストで何がどのように発問されたり聴かれたりしているか，そのところ，つまりテストに出ているところを教科書にチェックしよう」と言いました。そして，2人に「指導書に書いてあることで授業をするのではなくて，このテストに出ているところ（読解，意味調べ，漢字など）だけを意識して授業をしよう」と言ったのです。

　2人はびっくりしています。「えー？　いいんですか，そんなやり方で？」2人の共通な疑問です。

　「いいのです。このテストというのは，あなたがたのような若い教師が作成したのではありません。その教材を熟知したベテランの教師が作成したのです。言わば，その教材のミニマムエッセンスがテストになっているのですね。だから，最低限教えるべきことが集約されているのです。」2人はやっと「なるほど」という顔をしています。

**しゃべるのではなく聴いてやる**

　「あとは，音読をしっかり何度も何度もやることです。それに加えて，子どもたちのたどたどしい読みや発言であっても，教師が繰り返したり付け足したりしてしゃべるのではなくて，『聴いてやる』ことです。」2人は安堵の顔つきになりました。「やってみます！」

2人は少し授業で何をしたらよいのかが，見えてきた表情になりました。「校長先生，それは算数や理科，社会科でもやっていいのでしょうか。」「もちろんだよ。」2人は何だか明るい顔つきになりました。そして「教師はしゃべりすぎない」を再度確認して，その日は終えたのでした。

## 5　「うなずき」の中に込めた作戦

　授業での本格的な改善の取り組みを2人はがんばってやり始めていきました。前よりはずいぶん教室が落ち着いてきました。江口先生のクラスの子どもたちは，挙手が黙ってできるようになってきました。

　江口先生は，夕暮れ時の黒板に向かって「板書」の練習をしている時もあります。「すごいじゃないか」と私は教室に入って行って一緒に眺めます。「学習課題は，今，左側上に書いてあるけれど，黒板中央真上に書くといいと思うよ。教室のどこからも見やすい位置にね」と私。「ああ，そうか，左端では廊下側の子どもが見にくいのですね。」「赤色のチョークで学習課題を囲むといいね。はっきりして。」

　そんな日々の中で，吉田先生の授業を参観していた時，吉田先生がある子どもの発言に対して，「すごいねえ，よく考えたねえ」と言ったのです。そうしたら発言したその子は，とてもうれしそうな顔をしてうなずきました。授業が終わってから，「吉田先生，今日の授業での子どもの発言をキャッチングする仕方が抜群によかったよ。あれを続けたいね」と言ったことでした。

「すごいねえ，よく考えたねえ」
（教師）

| 教師はキャッチングが大事 | その日の夕方の勉強会では，その話題になりました。私は，「教師はどうしても『指導』ということで，教える，伝える，説明する，叱る，ほめるなどと教師の発問的なことを考えがちになるけれど，もっと大事なことは，子どもの発言を受け止めてやる，『よく聴いてやる』ことだと思うよ」「教師の仕事は，とかくピッチャーのように，投げることばかりを考えて，どう投げたらいいかを思案する人が多いけれど，ほんとうは，子どもの発言や振る舞いをキャッチングしてやることだと思う。そういう点で，今日の吉田先生のあの動きはキャッチングそのものだなあ」とほめたことでした。吉田先生はとてもうれしそうです。 |
|---|---|
| うなずき上手な教師に | 教師は，うなずき上手にならなくてはなりません。今の教室風景を見ていると，子どもの発言や振る舞いを「うなずいて」キャッチングしている教師が少ないのです。それは授業中に限ったことではありません。休み時間に子どもが「先生あのね……」と言ってきた時に，「先生は今ちょっと忙しいから後でね」と受け止めてやらない教師もいます。確かに教師は忙しいのですが，子どもたちの発したサインを忙しくさばいているだけの教師では，子どもの出すちょっとしたサインを見逃してしまうことが多々あります。 |
| 「なるほど，そうか，すごいなあ」 | 江口先生は，その点，持ち前の笑顔で子どもたちの発言を一生懸命聴こうとするようになってきました。私は江口先生のよさを指摘しながら，「あなたがたは子どもの発言をキャッチングする時に，『なるほど，そうか，すごいなあ』と言ってキャッチングするといいよ」と話しました。 |
| | そこで２人に今それを演じる練習をしてもらいました。まずは私が「なるほど！」「そうか」「ああ，すごいなあ」 |

I 新任教師との「勉強会」から見つけた知恵とワザ

と演じます。2人も負けじとそこで演じたのです。その日の勉強会は，とても明るく終えることができたのでした。2人の教師に「聴くこと」の大切さが少しずつ浸透していきました。

## 6 江口先生の悩みを共有する

　ある日の勉強会で，江口先生に元気がありません。何か悩みがあるのでしょうか。それとも体調を崩しているのでしょうか。江口先生は，「校長先生，私，今困っているんです」ととても深刻そうな表情で話し始めました。それは，次のようなことでした。

**教師の邪魔をする子ども**

　江口先生は，子どもたちの発言に耳を傾けることを自分の大きな課題としてやっているのですが，学級の中の男の子の2人が，1人は座ったままベラベラ話し出すことがこの頃多くなってきて，それが授業の邪魔をしているように江口先生には感じられる，それをどうしたものかと考えていること。もう1人の男の子は，手を挙げて発言するのだけれど，とても自己中心的で，ふざけて言うこともあったり，他の子の発言を遮って発言したりすることが多々あるということなのでした。

　「江口先生，それは大変だね。私もあなたの学級にいくと，時々その2人のことは気になっていましたが……」と私が言うと，吉田先生はすかさず「ぼくの学級にもそういう自分勝手な発言をする子はいます」。どうやら2人は「聴くことを主眼」において授業の改善を図ろうとしているけ

19

**別室でその子に注意する**

れど，悩ましい子どもの出現に手こずっているようです。

　私ははっきり言いました。「江口先生，よく聴いてあげるからこそ，勝手な発言や座ってしゃべりだすなどのルール違反は毅然として注意していかないといけないですね。その場合，みんなの前でその2人を厳しく注意すると必ずしも素直に聴いてくれなくて反発する場合があります。」
「だから，別の部屋に呼んで，『先生は，あなたがたが授業の中で一生懸命がんばって発言してくれることはうれしいけれど，やっぱり授業はみんなのものだから，ルールを守って発言したり聴いたりしようね。約束してほしいけれど』と指切りげんまんなどの手法で，約束させましょう。あなたがたを信頼するから，あなたがたもお願いしますと言うんですね。」

**「話し合い聴き合いのやくそく」を作る**

　「それと同時にとてもいい機会だから，『話し合い聴き合いのやくそく』をみんなで作ったらどうかな，きっとピンチはチャンスになるよ」と話したことでした。「やってみます。」江口先生は，大きな声で明るく言いました。「先生もみんなも一生懸命聴き合う授業をするから，発言もルールにしたがってやろうねと働きかけてみます。」吉田先生も同じように語らったのです。

　「江口先生，独りで悩んでいてはだめだから，今日みたいに，学年主任の先生や，仲間の先生に恥ずかしいかもしれないけれど，相談できるといいね」と言ったことでした。

　その後の江口先生の教室を訪問する時，私も2人の男子を含めて，注意深く見ていました。確かにまだまだの感はありますが，少しずつ改善されている兆しを感じてうれしく思いました。前の掲示板には『話し合い，聴き合いの

私たちのやくそく』が掲示されていました。

## 7　「個」の声を聴くツールをいくつ持つことができるか

　２人の教師は疲れているだろうに，長い休み時間も子どもたちと遊ぶことを怠りません。ほんとうは「コーヒータイム」にしたいはずなのに。そんな健気なガンバリを私は何としても応援してやりたいなあと意を強くしたことでした。

　夕方の勉強会で，そのことを話して労をねぎらうと「いや，大丈夫です。ぼくは他の先生のような魅力がまだまだないので，これくらいしか担任した子どもを引き付ける術がないのですから」。吉田先生は明るく言いました。江口先生も「私は２年生の子どもくらいしか運動能力がないので，子どもたちにも『先生，ダメだねえ』とよく言われてしまいます。でもそんな時，子どもたちと親密になれた気がします」と照れながら言いました。

「子どもとかかわる」時と場を見つける

　「子どもとかかわる」のは，授業の中だけではありません。休み時間，掃除の時間，給食の時間などなど，いくつかの時と場があります。「子どもたちのグループの中に入って給食を食べる」「便器の掃除を進んでやる」担任の先生には，子どもたちは親近感と尊敬の念を感じます。それが互いの信頼関係にもなります。ただその時に私たちが気をつけなくてはならないことがあるのです。それは何か。私はそれを２人に聴きました。

　「話の輪に入ってこられない子がいることを忘れてはい

けない」「いつもと様子が違う子どもの振る舞いを見逃してはいけない」「授業中とは違った顔を見せる子を見逃してはいけない」などなど，2人には，ちゃんとわかっています。

子どもの発する情報やサインをメモする

「問題は，そうした情報をあなたがたはメモしているかなあ」と言うと，2人とも「メモしていません」「まだそこまでの余裕がありません」との答えでした。「子どもの出しているサインをキャッチングするだけではなく，それをメモするノートを用意するといいね」と話したことです。

それに加えて，子どもたちとの「交換日記」のようなあるいは生活記録的な日記を書かせる，そしてそれに教師が朱筆を入れるとよいことも話しました。ただ今はまだ余裕がないと思うので2学期から取り組もうと話したことです。

今の学校現場では，なかなか一斉指導というか，授業後に残して指導したり，個別に話をしたりする時間的な余裕もありません。「個」とのつながりを意識した「交換日記」などは，教師のアンテナを鋭敏にするためにも，ぜひとも取り組みたいことだと確認したことでした。

## 8　初任者指導員との連携を密に

今の新任教師には初任者指導員の先生が曜日を決めて「指導・助言」をしています。私が校長として，この指導員の先生方に「お任せ」というか，「丸投げ」をすることは，ある点ではその指導員の先生を信頼しているとも言えます。

しかし，その一方で，学校の新任教師への指導や学校の

取り組み方が，その指導員の先生の指導の仕方と微妙にずれている場合もないとは言えません。そんなこともあって，2人を指導してもらう指導員の先生とは，きちんと連絡調整をする必要があると思っていました。

　私は，職員会議や現職研修で行った指導の詳細をまとめたプリントを，教務主任からその指導員の先生方にも手渡しし，「説明」をさせてもらっていました。それでどれほどの連絡調整ができたかはわかりませんが，少なくとも大きなズレが起きないように配慮したつもりです。指導にズレが起きた場合は，2人の新任が戸惑いを起こします。これでは何とも，非能率とも言えます。

**初任者指導員と雑談する**

　私も校長として，指導員の方々とお茶をしながら，雑談する時間をつくるようにしていました。そして2人の成長をその指導員の先生がどう評価しているか，足りないところは何かを語ってもらっていました。とにかくせっかくあるこの制度を生かしていくことが学校経営をするうえで大切なことだと思ったのです。

# Ⅱ

# 「聴く」という
# 教師の振る舞い方を考える

**「聴く」に
こだわる**

　「きく」という漢字に相当するのは，「聞く」「聴く」「訊く」です。その中で私が「聴く」にこだわるのは，この「聴」の字には，いくつかの字が隠されていると思うからです。

　この字の中に隠れている字を見つけてみると，「耳」＋「目」＋「心」になるのではないでしょうか。つまり「聴く」という字には，先人のこの字に込めた願いが見つかるように私には思えます。「耳だけで聴くのではないよ。目も大事，それに最も大事なことは，心を込めて聴くことなんだよ」と教えてもらっているように思えるのです。

　これが，本書の中で私が「きく」という字をあえてこの「聴く」にこだわって書いたゆえんです。

　さあ，教師は，「よく聴く，しっかり聴く，ていねいに聴く」ために，どんな知恵とワザを身につけたらよいのか，一緒に考えていきましょう。

## 1　子どもは先生に「見てほしい」「聴いてほしい」

　子どもたちは小学生の頃は，担任の先生に「見ていてほしい」「いろいろな話を聴いてほしい」と願っています。中学生になって，一見無口で何もしゃべらないように見える生徒も，「別に……」「何もない……」と言っているけれど，ほんとうは親身になって聴いてほしいと思っていることが多々あるのです。ただ思春期特有の精神的な不安定さの中にいるために，素直に自分を吐露できないだけなのです。

　そんな大前提に立って，私たち教師は子どもや生徒に向き合うことが大切です。休み時間に「先生，先生」と教室

Ⅱ 「聴く」という教師の振る舞い方を考える

の事務机に群がっている子どもたちに対して、「ああ、先生は今忙しいの、ちょっと後にしてくれないかなあ」と子どもたちを追い払う教師がいます。確かに授業の合間は、教師にはいろいろすることがあります。授業の準備をしたり、集めたノートを点検したり……、まさに寸暇を惜しんでやらないといけないことが山盛りです。教師の忙しい立場もよくわかるのです。しかし、子どもたちを追い払うことは、いかがなものでしょうか。

## 「先生、あのね」の子どもを大切に

私は「先生、あのね」と言ってくる子どもたちこそ、いろいろな情報やサインを教師にもたらしてくれる時と場だと思っています。いじめのことであったり、家庭のことであったり、仲間外れの話題であったり、多様な情報をもたらしてくれます。さらに言えば、そんな教師のところに集まってくる子どもとは違って、遠巻きにその姿を見ている子どもの存在もあることを忘れてはなりません。休み時間になっても、ポツンと椅子に座っている子、誰とも離れて独りでいる子ども、などなど、自分の学級の人間模様が浮かび上がってきます。

## 生徒を見守る目線と聴く耳

中学校では、教科担任制ですから、授業担任は、授業を終えるとすぐに教室を後にします。次の教室へ移動しなくてはなりません。しかし、私は、先生方が学年体制で生徒たちを見守っていく目線と聴く耳を持った行動を意識して行うことによって、見落としがちな生徒の人間関係やその生徒の悩み、希望などに寄り添うことができる教師集団になっていくのではないかと思います。ちょっとした、ほんのちょっとした生徒の振る舞いを見逃さない敏感さを持ち合わせていく、磨いていく教師になりたいものです。廊下

でたむろする生徒の何気ない目線や振る舞いに多くの情報があるように思います。

　子どもたちが「聴いてほしい」「話したい」という時に大事なことは，できるだけゆったりした気持ちで応対することです。そんな時間的なゆとりはないと言われそうですが，あえて「ゆっくり聴く」ことに徹してほしいのです。

**問いたださない**　　くれぐれも気をつけてほしいのは，「問いただす」聴き方をしないことです。大勢の子どもたちの前では，問い詰めないことです。根掘り葉掘り聴かないことです。その瞬間に得た情報は，あとからゆっくり吟味して対応することです。

## 2　目と目でアイコンタクトを

**目と目を合わせて聴く**　　冒頭にも書きましたが，「聴く」ということは，目を見て聴くことです。授業中に子どもたちが発言する時には，教師の方を向いて発言するのが普通です。教師も当然のことながら，その子の方をしっかり向いて「目と目を合わせて」聴こうではありませんか。それを私は「アイコンタクトをしよう」と教師を戒めると同時に子どもたちにも働きかけます。

　ところが，こんな当たり前のことが，できない教師がいます。目線を教科書や教卓に落として聴いている教師，板書しながら聴いている教師，などなど，不思議なくらい子どもを見ていません。確かに板書も必要でしょうが，まずはアイコンタクトをして，子どもたちの視線をしっかりキ

Ⅱ 「聴く」という教師の振る舞い方を考える

ャッチしてから，板書すべきです。

**発言している子どもの対角線上に移動する**

また，アイコンタクトは，教師のみではありません。教室にいる子どもたちも，今発言している子どもの方を向いて聴こうではありませんか。そういう子どもたちへと導こうではありませんか。

発言する子どもは，どうしても教師に向かって話します。そんな場合，教師は，その発言している子どもの対角線上に移動して聴いたり，時には目線を低くして聴いたり，子どもたちの椅子に座っている目線に合わせるために，ひざまずいて聴く姿勢をとりたいものです。

そして，もう少し上のレベルを狙う教師は，「先生はね，いつも一生懸命発言する人を見て聴いているからね。だからこれからは，先生の方に向かって発言するのではなくて，聴いているみんなの方を向いて話そうね」と促していきます。

## 3 教師はピッチャーではなく，キャッチャーに

新任教師との勉強会の項でも書き記しましたが，どうしても教師は「しゃべりすぎてしまう」傾向にあります。とくに中学校ではその傾向が顕著です。「それは教えることがたくさんあるからだ」と言われそうですが，果たしてそうでしょうか。

理科の実験をせっかく行ったのに，その起きた現象を教師がとうとうと説明している光景に出会ったことが何度あったことでしょうか。なぜ教師は生徒に「その実験で見つ

けたこと」を発言させないのでしょうか。そんなことをしていたら、授業進度が遅れるからでしょうか。

**説明的にしゃべらない**

どの教科でも言えることですが、説明的にしゃべる教師は、「教師はピッチャーだと思っている」としか、判断できません。私は、教師の説明が意味のないものだとは思いません。「ここぞ」という時の切り札として持っていることは大事なことです。

しかし、往々にして、教師が説明している時に、生徒たちの表情を見ていると、下を向いている、板書を写している、よそ事をしているなどなど、アイコンタクトをしていません。つまり生徒の「学習姿勢」を生み出していないのです。それは今流に言えば、アクティブな生徒の学習になっていないのです。

**説明したいことを子どもに調べさせる**

私は、教師のしゃべること（ピッチャーとしての役割）を半分以下にしたら、ずいぶん授業の形態が様変わりすると思っています。教師が説明したいことを生徒に調べさせる（見つけさせる）のです。そして、それを発言させて、教師は「なるほど」「そうか」「すごいところを見つけたね」と演じながらキャッチングすることです。そして板書していけばよいのです。そうすれば子どもたちもやる気になります。

もちろん、子どもや生徒の学習活動は、始めた当初はぎこちないものになるでしょう。ある程度の時間もかかるでしょう。それが、子どもや生徒のその時点での「学習力」だからです。それが繰り返されていく中で、子どもたちも生徒もだんだん「自ら学習する力」をつけていきます。

教師は、「ピッチャーからキャッチャーへ転換する」この発想を授業実践のキーワードにして授業改革に取り組ん

でほしいと願うばかりです。

## 4 「それで……」「だから……」で子どもの考えを聴き出す

**一文発言をさせる**

子どもたちに発言させる時，5＋6＝11の場合，「11」という答えを言えば，それでよいのでしょうか。決してそうではありません。「私は5＋6＝11だと考えます」と一文発言をさせたいものです。

大勢の子どもたちがいる教室での話し合い聴き合い活動は，答えの11を見つけることだけではなく，コミュニケーションとしての活動の一環であると同時に，人間としての「相手を意識して伝える」活動の習得をしていかなくてはなりません。

国語であれば，「ごんは，自分が兵十のおっかあを死なせてしまったと思っているのだと思います」と最後まで言わせるように指導していきます。

そして，さらに言うならば，この発言からその子どもの考えをもう少し引き出すために，教師は，その子の発言を受けて「それで……」と呼び水を注ぎます。そうしてしばらく待つのです。そうすることによって，「……それで，ごんは兵十のおっかあを自分が死なせてしまったと罪を感じているかもしれません」とその子の考えを引き出していきます。「それで……」と同じように，「だから……」も子どもたちや生徒の考えを引き出す呼び水になります。

**「聴き出しのワザ」を使う**

私たち教師が子どもの発言を聴く時は，ただその子の発言を一文的な段階に留めるのではなく，さらに考えを引き

出す「聴き出しのワザ」を使いたいものです。こういうことを繰り返しているうちに，次第に子どもたちは，呼び水がなくても，二文，三文の息の長い発言をして，自分の考えを掘り下げていくことを学びます。

　そのほかに，「今のことを別の言葉で言うと……」「今の考えは，誰の発言につながるかな……」などを教師が使うと，「私は誰々さんにつけたして……」「誰々さんとはちょっと違うけれど……」と子どもたちも発言するようになります。話し合い活動が発表会のような言いっ放しの授業ではなく，友だちの名前の入った「聴き合い」の授業になって，いっそう授業が深まりを見せていきます。

## 5　対話的な授業での話法を教える

**ノートを見ないで発言する**

　子どもたちが発言する場合，きちんと聴き手の方を見て発言できるとは限りません。中には，ノートに書いてあることを，ノートを見ながら，棒読みする子どももいます。

　教師は，子どもたちや生徒たちに「ひとり読み（調べ）」をさせます。それを多くはノートやプリントに書かせます。子どもたちは，その書いてあることを全部きちんと言わないといけないという意識があるから，どうしてもノートを読むようなノートにしがみつく動きになります。

**「ノートに書いてないことなら，なおいいよ」**

　私は4月の授業開きの時に，「ノートに書いてあることを見ないで言えるようになろう，いやノートに書いてないことでも言えたら，なおいいよ」と励まして，早い段階で，ノートへの縛りを無くしていくように指導します。

この「ノートに書いてないことなら，なおいいよ」という言い方をすることによって，子どもたちに「ああ，そのほうがもっといいんだ」という安心感を与えることになります。そして，話す人は，聴き手の方を向いて，聴き手は，話す人の方を向いて，対話的な場をつくります。

話し合い聴き合いをする場合，聴き手の「反応」が大事な要素になります。私は，多くは，「ハンドサイン」で，発言した子どもの考え方に対して反応しようと指導してきました。もちろん，うなずきや「なるほど」「うんうん」もOKです。いずれにしても，話し手と聴き手の呼吸があってこその話し合い聴き合い活動になっていきます。

**発言の語尾に「ね」をつける**

また，もう一歩踏み込んで，対話的な手法を深めていくために語尾に「ね」をつけます。子どもたちが，普段の対話の中で使っている「あのね，私はこう思うんだけれどね，それはたぶんこうなんだろうと思うじゃんね」というように，発言の語尾に「ね」をつけて会話文にすることで，いっそう「話し合い，聴き合い」になっていきます。これは，大人社会でも，会議などでの発言を聴いていると，「ね」をつけて語り合う光景が普通にあります。つまりコミュニケーション力を高めていく「知恵とワザ」の大事な一つと言えるのではないでしょうか。

## 6 「はい，ほかに」は教師の禁句

**聴き手の一番手は教師**

授業の中で，子どもが発言している時の聴き手の一番手は，教師でなくてはなりません。「なるほど」「そうか」「お

お，そう考えたか」など，そのつど，子どもと一緒になって，キャッチングすることが大事なことです。

　教師の中には，「子どもが発言した時，教師があまりに大きな声で反応すると，話す子どもはますます教師に向けて話すようになってくるので，教師は，無反応のほうが大事ではないか」という意見を言う人もいました。確かに子どもと教師のキャッチボールに終始するような授業では，聴き手の子どもたちが，無視された感が強いでしょう。

**教師は聴く姿勢を工夫する**

　だからこそ，教師は，大勢の子どもたちの後ろに回って，発言する子どもとは対角線上に位置したり，目線を低くして座っている子どもの目線に合わせてひざまずいて聴いたりして姿勢を工夫したいものだと思うのです。

**「はい，ほかに」は言わない**

　私が多くの授業を参観した中で，一番気になるのは，子どもや生徒が発言した時に，教師が「はい，ほかに」を連発することが大変多く見られることです。せっかく一生懸命発言したのに，「はい，ほかに」と言われた子どもの心境はいかがなものになるでしょうか。「ああ，自分の考えはダメなんだ」「やっぱり間違っていたのか」「先生は受け入れてくれなかった」と寂しく悔しい気持ちになって，それ以降，積極的に発言しなくなります。

　教師の立場で，「はい，ほかに」を言う教師の意図は「少しでも多くの意見を出させたい」という願いであるとは思いますが，どうしても話題を広げたいという願いがあっても，一度は，「なるほど，そうか」とキャッチングしてから，ゆっくり「はい，ほかにはどうでしょうか」と展開したいものです。

　あるいは，「おお，そう考えたのだね，みんなはどうだ

ろうか」と展開していく場合もあってよいでしょう。いずれにしても，一人ひとりの一見未熟な発言でも大切にする教師の姿勢が，長い目で子どもたちのやる気を引き出していくことは間違いありません。

**子どもの発言を繰り返さない**

同じように，教師の禁句で，子どもの発言を繰り返す教師がいます。発言した子どもの発言をしっかり把握させたい意図はあるでしょうが，いつも教師が子どもの発言を繰り返していると，聴き手の子どもたちは，話し手の子どもの発言を聴かなくなります。「どうせ先生が繰り返してくれるから」ということでしょうか，話し手の方に目と耳と心を向けなくなります。これは，どうしてもやってはいけないことだと思うのです。

**「ここまで届くように話そうね」と言おう**

中には，声が小さくて聴き取れない子どもの発言をその子の傍まで行って，聴き直している教師がいます。そうではなくて，むしろその子から，対角線上の遠いところに教師は移動して，「はい，ここまで届くように話そうね」と言いましょう。初めはきつい試練だとは思いますが，たとえその子が小さな声で発言したとしても，「はい，みんな静かにして聴こうね」と場を整えます。そうすることによって，子どもたちはまた一つハードルを越えていきます。

## 7　立ち止まって考えを深める場をつくる

授業には，教師の側から考えると，「本時の目標」というねらいがあります。そのねらいというハードルに挑むことが，授業では求められます。ただ子どもの発言や教師の

説明を板書しているだけでは、授業は平板になり、押さえるべきことをきちんと押さえた授業にはなりません。そんなことからも、授業の中で、ここぞというところでは、教師も子どもたちも「立ち止まって考える」時と場を設定しなくてはなりません。

**「さあ、ここが今日の授業の『ガンバリどころだね』」**

私は、そういう立ち止まって考える場を、つまり、授業者である教師が「ここだ！」と敏感に察知して学び合う場を設定することが、教師の力量にかかわることであると思っています。私は、そうした「立ち止まって考える場」で、「さあ、ここが今日の授業の『ガンバリどころだね』」と言える教師になってほしいのです。それは、教師の誘導で行うものではなく、教師が、子どもたちとの学び合い（聴き合い）を通して、子どもたちがとくにこだわったところを敏感にキャッチしてこそできる時と場です。

その「ガンバリどころ」は、何度も言いますが、あらかじめ教師が想定した範囲内のことであるかもしれないし、そうではないかもしれません。子どもたちがこだわりを見せてくるのを聴いていたり見ていたりすると、子どもの声のトーンが上がってきたり、目が輝いてきたりします。多くの子どもたちがある時は夢中になって、ある時は怪訝な顔つきで動き出す時があります。そこを聴き逃さないことです。見逃さないことです。

**「ガンバリどころ」を見逃さない**

ここでも教師の「キャッチング」の鋭さが求められます。何度も何度も失敗してよいのですから、その「ガンバリどころ」を見逃さない「聴く力」を磨きたいものです。

## 8　子どもが「説明する」仕方を教える

　授業の中での「ガンバリどころ」が具体的に意識化されると，子どもたちは，あれこれと説明したり話したりします。算数の授業とか社会科・理科の授業ではとくに多いと思いますが，中には子どもたちが黒板の前に出て図を描いたり，式を書いたりして説明をします。そんな時の仕方も子どもたちにきちんと教えることによって，目で聴き，耳で聴き，心でキャッチングする学び合いになっていくのです。

**確認する話法を教える**

　前に出てきた子ども（中学校の場合は生徒ですね。中学生にもこの説明のやり方をぜひとも教えたいものです）は，まず「聴いてください」と言います。そうしたら，聴いている（見ている）子どもたちは，その説明する子どもの方に体を向けて，「はい」と返事をします。

**「ここまでわかりましたか」という話法を**

　「今，この問題は初めに16羽の鳥が電線にとまっていましたよね。そこから7羽飛んで行ったので，16－7になります。ここまでわかりますか」と説明する子が言います。聴いている子はその説明がわかったらならば，「はい」と返事をするし，よくわからなかったら，「もう一度お願いします」と言います。この「ここまでわかりましたか」と確認する話法をきちんと教えるのです。

　「16－7＝9になるので，9羽まだ電線に残っていることになります。ここまでわかりますか」と説明する子は，きちんとみんなの方を向いて話します。

**聴いている子は「はい」と返事を**

「その後でまた別のところから、6羽飛んできてとまったのですから、9羽に6羽を足します。ここまでわかりますか」と説明する子は、一つ一つの区切りで聴いている子に確認していきます。聴いている子は、「はい」と返事をします。

このように、前に出た説明する子どもが、どういう説明の仕方をしたら、聴いている子にとってわかりやすい言い方になるかを指導していくのです。

よく前に出て説明する授業の場面に私も出会うのですが、前に出た子どもが、黒板を見て説明して、聴き手の方に背中を向けていることが多々あります。そんな時に授業者である教師がどこにいるかというと、説明する子どもの近く、つまり黒板横（教室前方）にいることが多いのです。だから、説明する子どもは、せいぜい教師に向かって話すことになってしまいます。

**「説明する人は、みんなの方を向いて先生にも届く声でお話ししてね」**

大事なことは、教師の立ち位置を変えることです。教師は、聴いている子どもたちの後ろに回ってひざまずくのです。そして、「説明する人は、みんなの方を向いて先生にも届く声でお話ししてね」と言います。

この説明手法は、どの教科にも応用できます。ぜひとも学び合い、聴き合いの大事な知恵とワザの一つに加えてほしいと思います。

## 9　ペアトーク、グループトークの仕方を教える

授業は一斉授業で行われていても、その中に、様々な手

Ⅱ 「聴く」という教師の振る舞い方を考える

法が組み込まれています。

英語の授業でよく行うペアトーク。隣の人と交互にスピーキングしたり，発音を聴き合ったり。また，国語や社会科の授業では，互いのひとり読み（調べ）のノートを交換して読み合い，それについての感想を交流するなどを，全体の前で発言することを前提として行うと，子どもたちの自信になっていきます。

**ペアトークにはベルタイマー**

そんな時，ベルタイマーを活用して，「さあ，今から2分間ペアトークをしましょう。ようい，始め」と合図をしましょう。そんなベルタイマーの活用がけじめのある時間管理になって，子どもたちも心地よく活動します。

**グループトークは4人以内**

グループトークの場合，グループの人数は4人以下にしましょう。教室によっては，6人グループでやっている風景に出会ったことがありますが，5人以上の人数のグループでは，「話し合い聴き合い活動」が成立しません。教室中でグループトークをすると騒がしくなって互いの声が聴こえにくくなります。だから，直接向かい合うことのできる4人が妥当なところだと思います。学級の人数の関係で5人になってしまう場合は，3人のグループをつくることにしましょう。

**グループトークは「お願いします」から**

グループトークをする場合，まずグループのリーダーが，「お願いします」と言います。あとの3人もそれに続いて「お願いします」と言います。そして，発言する子どもは，「話します。聴いてください」と言います。他の3人は「はい」と返事をして話し手の方を見ます。そして，ここでも前項の「説明する」で行った，「ぼくは，こんなふうに考えます。わかりましたか」とか「私は……だと思います。意見はあ

りますか」などの話法で話し合い聴き合うのです。

　ここでも「目と耳と心で聴く」が生かされていくべきです。初めは形式的な話法に抵抗感があるかもしれませんが，慣れてくると実に聴き合う姿勢が整ってきます。

## 10　対話的な場づくり（コの字型，円形）を習得させる

　授業参観していて気になることは，教室の机の配置の仕方です。一時間中，前向きの並び方をしている学級があるかと思うと，初めからコの字型に配置している学級もあります。まずは基本的には，前向きの並び方でよいと思うのですが，いよいよ話し合い聴き合いの場面になったら，「コの字型になってください」と指示を出してコの字型に机を動かします。

**慣れてくるとサッとコの字型に**

　授業中に移動するのは，雑然となったり手間がかかったりするという意見もあるでしょうが，子どもたちは慣れてくると，サッと移動することができるようになります。その移動することによって，「さあ，今から話し合い聴き合いをするぞ」というお互いの意気込みを感じるようになります。コの字型になることによって，子どもたちは互いに顔を見て話したり聴いたりすることがしやすくなります。コの字型のまま授業を進めていく際に，子どもの発言を聴く場合も，前にも言いましたように，教師は発言する子どもの対角線上にいる子どもの後ろでひざまずいて聴くとよいでしょう。

## 11　指導案を職員室に置いてくる決断を

　「子どもの側に立つ授業」とか「子どもに寄り添った授業」を展開することを志向している教師は，一つの展開案を持って教室に行くのではなく，展開によっては，こうなるかもしれないというような複線の指導案を考えて授業に臨んでいます。

**指導案とは違った展開になった授業**

　２年生の生活科の授業でした。遊園地で木登りをしたり，遊具で遊んだり，また砂場で遊んだりしたことを語り合いながら，「遊園地のすごいところ見つけ」をしようと授業者は考えていました。

　授業が始まり，しばらくは，教師の願った展開になっていきましたが，ある子どもの発言から，遊園地で遊んでいた時に起きたケンカのことに話題が広がっていきました。

　「ぼくは砂場で遊んでいたのに，○○さんが砂を横取りしてきたので，嫌だなあと思って……。」「私は少し遊ばせてと言ったのに，入れてくれなかったので，泣いてしまいました。」「それは，私も同じです。とても嫌でしたから，だから砂を投げたのです。」

　授業では，木登りでもケンカが起きたことが話題になります。そんなことで，遊園地で遊ぶことの難しさがみんなの関心事になっていったのです。それは授業者が当初考えた授業案とはおよそかけ離れた展開でした。

　参観したあとの，授業について語り合う会の時に，「指導案とは違った授業展開になったけれど，結果的には遊園

地のよさと私たち（子ども）が遊ぶ時に注意していかなくてはならないことを話し合い聴き合いしたことになったので，意味のある授業になった」という意見が多く出ました。

**指導案を職員室に置いてくる**

　それにしても，会の語り合いの中で，「よくまあ授業をしたF先生は，大勢の先生方の参観した授業なのに，指導案とは違った展開（ケンカの話）になったにもかかわらず，実に落ち着いて対応されていた」と賞賛の声が多く出ました。授業者のF先生は照れながら，「私はいつも公開授業をする時，どうしても指導案を意識して授業を展開しようとして，子どもたちの学習活動を萎（しぼ）ませてしまいます。だから，今日は授業をする時に，指導案を職員室に置いてきました」と言われたのです。

　それは，多くの先生方の爆笑を誘うとともに，「だから，子どもの話に授業者は耳を傾け，落ち着いて授業展開して，結果的には子どもの大活躍する授業になったのだね」とみんなが学んだことでした。

　その学校ではそれ以降，「職員室に指導案を置いてくる」が，教師同士の合言葉になったのでした。

## 12　板書計画を突き破る子どもを待つ習練

　授業を構想する時，それを「指導案」として作成します。そんなやり方とは別な形で取り組んでいる学校がありました。

**明日の板書を書く**

　それは，授業後，子どもたちの帰った教室で，明日の授業の板書の練習をしている教師のいる学校でした。その学

Ⅱ 「聴く」という教師の振る舞い方を考える

校では，指導案を書くこともももちろんやっていましたが，明日の授業に直結する「板書」がどんな板書になるか，教師の願いを含めながら，書いてみるのです。

　そんな板書をしている教室に２～３人の教師が集まってきて，板書を前にして，あれやこれやと意見が飛び交うのです。「そこのところは，太一の気持ちをもっと語らせていく方がいいのではないですか」「いや，太一の行動から，たとえば『泣きそうになりながら』は具体的にどういうことかを考えさせたいね」とまた考えが出されます。「海のいのち」（立松和平作）の太一の心のうちをどう読ませるかという議論になっていきました。

**３色チョークによる構造的な板書**　板書は３色のチョークを使いながら，構造的に書かれていきます。このような板書で事前に授業のイメージを膨らませていくことは，とても重要な営みだと思います。それは，明日の授業が，そのように展開していくように導くことではありません。一番大切なことは，この板書の構想を，誰が予期せぬ発言をして「突き破っていくか」にこそ，教師の関心がなくてはなりません。

**構想した板書を変更する**　子どもたちに「寄り添い聴き合う」授業にするためには，この板書のようになることに授業者である教師がこだわらないことです。自分の構想した板書をどう変更していくかに関心をもって授業に臨んだ時，その教師にキャッチングの姿勢が生まれたことになるのです。

# 13 「学びの感想」を生かすワザ

**授業終了5分前に着陸態勢**

　授業は,延長してはなりません。授業終了5分前には,着陸態勢に入ることが肝要です。延長したり,途中で終わったりする授業を私は「不時着の授業」と呼んでいます。

　そんなことで,授業の終わり5分前にベルタイマーが鳴るように設定して(中学校では45分,小学校では40分に)「5分前意識」を高めている教師もいます。

**5分間で「学びの感想」を書かせる**

　そして,終わりの5分をどう活用するかが教師の腕の見せ所になります。算数・数学で本時の復習を兼ねた練習問題を行う,国語や社会科,理科などで,本時で学んだことは何だったか,それについての自分の考えを書く「学びの感想」を設定するなど,いろいろな工夫がなされていくべきです。

　「学びの感想」であっても,練習問題への取り組みであっても,教師はそれを点検することが大事なことです。毎時間毎時間ノート点検をする余裕がないと言われるかもしれません。そういうことであれば,「学びの感想」を書かせる意味は半減します。やはりノート点検は手際よく行い,すべきなのです。

**子どもに大切なところに印をつけさせる**

　私は工夫して,子どもたちに,次のように指示しました。「みんなが書いた『学びの感想』の中で,とくに先生に読んでほしいところ,自分の一番言いたいこと,感じたことに,みんな自分で赤線や丸印をつけてほしいのです」と。

　このように指示すると,子どもたちは改めて自分の書い

　　　　　　　　　　　　　Ⅱ　「聴く」という教師の振る舞い方を考える

た「学びの感想」を読み直して，そこに印をつけます。
　教師の中には，ノート点検をていねいに行っている人もいます。それは尊いことですが，時間的なゆとりがない時は，私のやり方なら，ほんの10分もあれば，全員のノート点検が可能になります。
　教師の中には，研究授業や公開授業のために，ノート点検をして，花丸や自ら赤線を子どものノートに引いている人もいます。それはかなり手間暇がかかると同時に，果たしてほんとうに子どものこだわりや言いたいことに赤線を引けたかどうかは判然としません。教師の授業展開に都合のよい意見や考えに引いた場合も多々あるように思います。

**これと思う感想を範読する**
　「学びの感想」の中で，これはと思う感想を次時の冒頭で範読して他の子どもに紹介することも大事なことです。感想を書かせても書かせっぱなしで放置しておくのは，まったく意味のないことを子どもにやらせていることになります。ぜひとも次時の初めに紹介して，本時の授業展開につなげたり，「学びの感想」の書き方を子どもたちに学ばせたりしたいものです。

# Ⅲ

# 「個」としての子どもに向き合う教師の精進を

子どもの意見や考えを聴くのは，授業だけではありません。授業以外の時と場も重要なキャッチングの知恵とワザを発揮する意義ある機会になります。

　今の子どもたちは，小学校の場合，一斉登校・一斉下校を原則にしています。そんなこともあって，なかなか個人的にかかわって，もう少し指導したり子ども理解に努めたりしたいと思っても，時間が許しません。中学校でも部活動の指導があったり，朝の学習があったりで，過密なスケジュールの一日になります。

　ただ，そんな中でも，どうしたら，一人ひとりの子どもの心の叫びや声なき声を聴くことができるか，ここでは考えてみたいと思います。

## 1　傾聴する，共感する「うなずき」の極意

　話をしている時，相手がほんとうに聴いてくれているのかどうかが，話している人にはわかるものです。それは，聴き手の目が素直に話し手の方を向いているか，うなずきに表情があるかどうかです。

　大勢の子どもたちを相手にしていると，なかなかゆったりと聴けない時もあります。しっかり聴き届けることもできません。そんな時の子どもは，「ああ，先生は私の話していることを聴いているようなふりをしているだけだ」と子どもながらに思うものです。先生の目が泳いでいるのを見逃しません。

Ⅲ 「個」としての子どもに向き合う教師の精進を

**肩にふれて子どもの話を聴く**

　私が低学年の子どもたちを担任していた時に心がけていたことは，ある時は子どもの手を握って，ある時は肩にふれて，聴くことを演じることでした。子どもは小さいからと言って，いい加減なことを言うことはありません。むしろ正直に自分の感じたままを話します。

　中学校で担任していた生徒の中に，父親だけと暮らしている生徒がいました。彼は朝の食事を摂らないで学校へ来ることもしばしばありました。そんな朝はすぐにわかります。機嫌が悪いですし，朝から机に突っ伏しています。元気がないだけではなく，やる気がまったくありません。

**子どもの振る舞いをキャッチングする**

　始業前に教室へ行って，彼がそんな振る舞いをしている時には，私は彼に「おい，職員室へ行こうか，先生の用事を手伝ってくれ」と言って，教室から連れ出しました。そして，用務員室で，「これ食べろ！　誰も見ていないから」と言って食べさせました。初めの頃は，「食べたくない」「いらねえよ」と言っていましたが，次第に黙々と食べるようになったのです。それは担任している一年間続きました。

　彼が卒業してしばらくした頃（数年経っていました），彼が私を訪ねてきました。そして，「先生，元気か。これオレからのプレゼントだ」と言って，包みを渡してくれました。その中には，明るい色のトレーナーが入っていました。私はびっくりして，「何で先生にこんなものをくれるのか」と尋ねました。彼は，「先生だけだよ，オレが飯を食っていないことを見透かして食べさせてくれたのは。お礼が言えなかったけれど，ありがとう」と言ったのです。

　彼は，その時，パン工場に就職していました。「オレ，定時制高校に通っているんだ。勉強できないからなかな

きついけれどな。それに遊びたいしよ。でも先生のことは忘れんよ」と。ポツリポツリと話してくれたのでした。私は涙が出てきました。「ありがとう。君がそんなにもがんばっているのに，オレもがんばらないといけないな。こんなものをもらっていいのだろうか」と言うと，「先生，バレー部のコーチをしているだろ。だからカッコよくがんばってほしいから。オレの安い給料ではなかなかいいものは買えないけれどな」と笑いながら言いました。

　私は彼と別れたあと，すぐに彼に手紙を書きました。「君がほんとうにがんばっていることがとてもうれしいし，心に染みた」と。

　この話は私の自慢話です。でもそんな自慢話ができる自分を幸せに思います。改めて教師は，子ども（生徒）の振る舞いから，敏感にキャッチングする技量を身につけていかなくてはならないと思ったことでした。

## 2　「叱る時と場」を整える

　私の担任時代に大原則にしていたことがあります。それは，個人を叱る時は，なるべく大勢の前では叱らないこと，学級全体にかかわることは，毅然と大勢の前でも叱る。これは簡単なようでなかなか難しいことでした。

　そんな私の振る舞い方に，当時先輩の教師は，「前田君の指導は甘いなあ」と言いました。この場合の「指導」というのは，「叱り方」に置き換えてもよいでしょうか。まだまだ体罰が平気で行われていた時代の思い出です。

III 「個」としての子どもに向き合う教師の精進を

今はそんな体罰も許される時代ではありませんし，それはほんとうに力のない教師のエゴイズム的な発散でしかないと思っています。

**叱ることはカウンセリング**

今の時代，叱る時は，カウンセリングをするのと同じような発想をしなくてはなりません。個別になっている部屋で，その子の言い分を存分に吐露させて，それに対しての担任教師の願いを話すことです。いけないことは毅然と指摘して，「これを守ることができるかが，君のこれからの成長につながる」と展望を語るのです。

**叱った後は必ずフォローを**

そして，叱った後では，必ずフォローするような教師の演じ方が必要になります。「前に約束したことをこの頃君がちゃんとやろうとしている姿を見て，先生はとてもうれしく思うよ」と演じるのです。そのことによって，子どもは癒され，がんばろうという気持ちになっていきます。

今の時代にヒステリックな言動で子どもを威嚇したり，貶めたりすることは厳禁です。こういう中でもいまだにそのような感情の赴くままに，子どもを虐待的に貶める教師がいるのも事実です。許されることでは決してありません。

## 3　生活記録（日記）への朱筆に心をこめる

学校はどうしても一斉指導が中心になります。なかなか個別対応ができません。そんなこともあって，私は生活記録を書かせることを，どの学年を担任した時もやらせていました。

**扱いに困った女の子**

ある年の5年生を担任していた時，Yさんという一人の

女の子の扱いに私は困惑していました。授業中だけではなく，日頃から何かにつけて文句を言うのです。「先生，やりすぎだよ。宿題の出しすぎ！」「男子の一部ばかりと遊んでいて，えこひいきだ」「お母さんがいじわるばかり私にするから，家出してやる」などなど，あれこれと私に言うのです。その言い方がまたトゲトゲしくて，腹立たしい言い方に聴こえます。私が「男子の一部と遊んでいることはないよ。みんなも入ってきてほしいなといつも思っている。あなたも入ってきてほしいな」と言うと「やだよ，いやらしい。男子なんて臭いし乱暴だから」と返答します。

　そんな彼女に私はどう対応したらよいか，思案していた時，ふと思ったことがありました。それは彼女が生活記録にいっぱい友だちの悪口や私への暴言的な意見を書くのですが，とにかく提出することは事実なんです。

**生活記録に同情的なコメントを綴る**

　「これだ！　これを利用しない手はない」ということで，私は彼女の生活記録に学校でその子が言った文句のことや家の中で他の兄弟姉妹とは差別されていることなどについての意見に，「その子に同情的なコメント」をあえて書き綴りました。「あなたの言ったことをちゃんと聴いているよ，読んでいるよ」という思いを中心にして書き綴りました。それでも彼女の毎日の振る舞い方は変わりません。それどころか，ますますエスカレートしていきます。そんな彼女は次第に仲間から敬遠されていきました。

　ある日の生活記録に「みんなが話し相手になってくれないのでさみしい」と書いてきました。私はびっくりしました。Yさんでもこんなことを書くのかと。私はチャンス到来と思いました。やっと彼女が自分のほんとうの心の内を

III 「個」としての子どもに向き合う教師の精進を

のぞかせたのです。私は「Yさん，いつもYさんが先生に文句を言うけれど，先生はすべてそれをやめてほしいとは思っていないよ。あなたの言ってくれたおかげで，先生としてどうやったらいいかを反省することもいっぱいあって『ありがとう』とYさんに言いたくなることもあるからです」と書いたのです。つまりYさんの弱音を糾弾するのではなく，私自身がYさんのおかげでがんばれることを書いたのでした。

**大きく変わった女の子**

それからYさんはあっけなくも大きく変わっていきました。もともと敏感で能力もそれなりにあるからこそ，イライラしたり文句を言ったりするのです。そんな彼女に寄り添う機会を彼女が示してくれたことを機に，私は生活記録を介在にして彼女と「繋がれた実感」を持ったのです。

生活記録の子どもたちの中身は多彩です。「ナイターを見ていたら，中日の選手がホームランを打ちました。私はやったあと思いました。でも相手のピッチャーは今頃どうしているかなあ，もう野球をやめたいと思っていないかなあと思うと，なんだかさびしくなりました」というようなことを書いてくる子どももいます。そんな時は，私はみんなの前でそれを読み上げて，「Oさんは相手の立場を思いやる気持ちがあって，先生でも真似できない心になったことに驚きます」と話したことでした。

**子どもの心をキャッチする大事なツール**

生活記録を書くことは，子どもにとってはなかなか大変な課題です。しかし私は，これはその子の思いに寄り添ったり（聴いたり）して，その子の心のうちをキャッチする大事なツールだと思ってやり続けました。とくにおとなしい子どもや独りだけでいる子どもに寄り添うためには，生

活記録を書かせ，それに朱筆を入れることは，大事な教師の仕事だと思います。今の学校現場ではなかなか忙しくて，厳しい仕事かもしれませんが，1週間に1回の提出でもよいから，ぜひとも生活記録を書いてそれに朱筆を入れるという実践を行ってほしいと思っています。

## 4　一本の電話と家庭訪問の効用

　今の時代，情報社会だけに，みんな携帯電話を持っているし，お互いに保護者同士も常に連絡を取り合いながら，情報交換しています。

　電話は便利ですが，これを安易に使うと問題が複雑化して当初の問題からズレて，後処理がゴタゴタする原因になっていく場合が多々あります。

> よいことは電話で，悪いことは家庭訪問で

　私は，「よいことは電話で，悪いことは家庭訪問を基本とした相手の顔を見て」を解決するワザとするように促しています。学校であった困ったことを電話対応で保護者に伝えても，誤解や問題を複雑化するだけで解決に至りません。相手の顔が見えないからです。話が一方通行になってしまって，ほんとうの担任の心配事が，担任の配慮の無いやり方に問題があったと，すり替えられ結論付けられるのが落ちです。

　保護者にも理解してもらって解決に至らしめるためには，家庭訪問が大原則です。その場合も，母親だけを前にして話すよりも，両親が揃っていることが一番大切なことになります。

## Ⅲ 「個」としての子どもに向き合う教師の精進を

**窓から飛び降りようとした女の子**

　私の出会った事例で，こんなことがありました。ある6年生の女の子が，3階の窓から飛び降りようとしたことがありました。私は当時校長だったのですが，「これは担任だけに任せてはおけない」と思い，私と担任で家庭訪問をしました。

**担任と校長で家庭訪問**

　担任が事のあらすじを母親と祖母に話すと，母親が「こんなことになったのは，担任の日頃の指導の仕方が悪いからだ！　うちの子はいつも泣いて家に帰ることが多い。校長先生，担任の先生を代えてください」と興奮して言いました。

　私は，「お母さん，そういうことを言ってはいけませんよ。私は担任の先生の授業や学級経営のやり方をよく見ていますが，お母さんの言われるようなことはありません。もし，そんなにお母さんが疑われるのなら，突然で結構ですから，教室に見に来てもらえませんか」と言いました。母親は，「校長先生は，担任の先生の味方をするけれど，この担任の先生のやり方を知っているんですか？　私は子どもがいつも泣いて帰ってくることを悔しいことだと思っているのですよ」と言い返します。

　「わかりました。お母さん，私も担任の先生のこれからのやり方について，いろいろ問題がないように一緒に考えたいなと思います。そこでお母さんが思っていることで，担任の先生に直してほしいと思うことを羅列でもいいから，一度書き出して学校の私のところに届けてもらえないでしょうか」と約束して，その日は帰りました。

**母親と父親の来校**

　数日して，その母親がご主人と一緒に学校に来ました。私は校長室に入ってもらって，両親からお話を聴くことに

しました。そうしたら、ご主人が「この間は家内が興奮して校長先生や担任の先生にあれこれと申し上げたようで申し訳ありませんでした」と言われるではありませんか。お母さんも今日は、興奮した様子がありません。もっとも両親が揃って学校に来られた時点で、私は、ああこの問題は解決しそうだなと思ったのです。

**謝るべきところはきちんと謝る**

私は、担任の先生が、どんなやり方をしているかを両親にありのままを伝えました。至らぬ点が多々あったことも含めて、「申し訳ありませんでした」と謝りもしました。それに対してご主人は、「いや謝らなくてはいけないのは、私の方です。末っ子で甘やかして育てたツケが今出ているのだと思って。私も仕事が忙しくて母親任せにしていたのを反省しています」と丁寧に言われました。

その後、担任を校長室に呼んで、ご主人にも会ってもらって、「いろいろ不手際があって、申し訳ありませんでした」と担任も言ったのです。

この事例は、一見スムーズに解決した事例で問題が複雑化しなくて終わりましたが、その要因は、両親が揃って来てもらえたことと、学校側も素直に反省の色をしっかり出すことができたことによって、今後のその子の指導についての協力体制ができたことにあります。

**まず保護者の言い分をしっかり聴く**

私たちはとかく結論を急ぐあまり、保護者の言い分をしっかり聴かないで解決しようとします。決して急いではなりません。「ピンチはチャンスだ」と思うような見通しの中で、学校側と保護者が太いパイプでつながれるように、心していかなければならないと思います。

Ⅲ 「個」としての子どもに向き合う教師の精進を

# 5 学級名簿を活用した「子どもを見落とさない」ワザ

　学級に30数名の子どもが在籍している教室では，なかなか一人ひとりの子どもとかかわるのは困難なことです。
　M先生は，30代半ばの男性教師です。彼の言動を見ていて，彼が子どもたちを呼び捨てにしたところを見たことはありません。いつもきちんと「さん，くん」をつけて呼びます。
　そんな彼が取り組んでいることに，次のようなことがありました。

**3つの印を学級名簿にチェックする**

　それは，毎日子どもが帰り，部活動を終えた教室で，学級名簿にチェックをするのです。それがM先生の日課になっていました。何をチェックするのか，それは次のようなことでした。

- 今日一日でほめた子どもには○，叱った子どもには×
- 顔を見て話したり聴いたりした子どもには△
- 何もしなかった子どもは空欄

**前日声をかけなかった子には，声をかける**

　この3つの印を，今日一日を振り返りながら名簿にチェックしていくのです。そして，M先生は，「この空欄の子どもには申し訳なかった。明日は必ず声かけをしたり話を聴いたりしよう」と決意するのです。
　私が，そんな取り組みをしていると知ったのは，2学期も後半になっている頃でした。驚きました。その名簿の綴りは合冊になっていて，かなりの厚みになっているのです。私がM先生はすごいなと思ったことは，空欄になってい

57

る子，つまり一日で一度も声かけをしたり話をしなかったりした子に，次の日，意識して声かけをしようとしていることです。

　私たちは，「一人ひとりの子どもを大切にした授業とか学級づくりをしたい」と念じて学級をスタートします。しかし，このM先生のような地道で堅実な取り組みを何人の先生方がしていることでしょうか。子どもたちの中には，先生とのかかわりに積極的な子どももいる反面，いつもおとなしく存在感の薄い子どもも必ずいます。その子を見捨てない営為がM先生の「名簿が空欄の子を忘れない」取り組みに如実に表れています。

**叱った子に努力の跡が見える場合はほめる**

　さらにすごいのは，「叱った子どもには，なんとか次回はよいところや，この前叱った原因になったことについて，その子なりに努力の跡が見える場合には，積極的にほめていこう」としていることです。

　「名簿にチェックする」その時間は，M先生曰く，「10分もあれば，できることです」。どの教師にもそのくらいの時間はあることでしょう。肝心なことは，M先生のように継続していくことができるかということではないでしょうか。

**1ヵ月，2ヵ月前の名簿を見直す**

　さらにM先生は，「時々1ヵ月，2ヵ月前の名簿を見直します。そうすると，同じように叱ってばかりの子どもがいたり，ほめられてばかりの子どもがいたり，空欄ばかりの子どもがいたり……恥ずかしいことですが，私はいつの間にか子どもたちを見る視点が固定していることに気づくこともあります。これでは，子どもたちはやりきれないでしょうね。時々の振り返りが，私の怠惰な心を覚醒させて

Ⅲ 「個」としての子どもに向き合う教師の精進を

くれます」と言うのでした。

## 6 通知表の記述の仕方を問う

**通知表はよかったことだけではいけない**

最近の保護者に渡す通知表の表記を読んで思うことがあります。それは，その表記の中身が，その子どもの「よかったこと」を中心に書き綴ってあることです。あるいは，何々の授業で率先してがんばったというような記述になっています。

私は，この書き方に違和感を覚えるのです。それは，その子どもをほんとうの意味で「診断しているか」と疑いたくなるからです。

確かに，今時分の保護者はなかなか口うるさくあれこれと言います。「こんな厳しいことを先生が書かれるのでしたら，その時点でご指導してほしかったです」「うちの子は，家ではちゃんとやっているのですから，学校でやらないというのは先生の指導に問題があるからではないでしょうか」などと，訴えてくる親さえいます。だから担任教師も「あまりその子の欠点になることを書かないでおこう」と配慮するようになります。

**通知表はその子の1学期の診断書**

私は校長の時，PTAの総会や学年父母会の折に，「通知表は，その子の1学期にやったことに対する診断書です。その子の能力や人格そのものではありません。だから，学校生活の中で，1学期にどうであったかを記したものです。やれなかったことや，やれたこと，がんばれなかったこと，がんばったことを率直に書いています。保護者には，自分

の子どもの1学期の診断書を受け取るつもりで読んでほしいのです。悪いことが書いてあったから，心底悪いのではありません。いいことが書いてあったから，すべていいのではありません。1学期の取り組みの中で担任の先生がとらえたその子の姿です」と話したことでした。

**担任教師を支える校長**

そして，「もし，異論があったり不満があったりしたら，校長である私も点検していますから，私にお話しください」と付け加えたことでした。

今の学校現場では，保護者の扱いがほんとうに難しくなってきています。感情的にあれこれと不満を言うこともまれではありません。そんなこともあって，通知表もその子の欠点を書くことに教師たちが臆病になってしまうのです。これでは，ほんとうの意味での「通知表」になっていません。

こんなことがありました。ある年の夏休みに前年小学校を卒業した保護者から，「校長先生，私の子どものことですが，去年まで小学校にいて，個別懇談会や通知表でもあまり悪いことを聴いたことがなかったのですが，今年中学校へ行って，1学期の成績を見ていたら，すごく悪いのですね。もともと出来のよい子どもではないとは思っていましたが，やはりそうであれば，小学校時代にもはっきり保護者にそのことを伝えてほしかったですね」と。私は「それは申し訳なかったですね。私としてはそんなことがあってはならないと思ってやってきましたが，失礼しました。今後の反省点として生かしてまいります」と詫びたことでした。

Ⅲ 「個」としての子どもに向き合う教師の精進を

ほんとうに親身になって，子どもを保護者と一緒になって，育てていく学校にしたいと強く思ったことでした。

## 7　保護者に開かれた学校現場にしていく

「開かれた学校」ということが言われ出したのは，いつ頃でしょうか。学校の閉鎖性が糾弾されました。そんなに学校は隠ぺいしていないと思っても，マスコミや保護者の追及は厳しいのです。

ある教師が言いました。「開かれた学校にするためには，保護者や地域の方々に，教師各自が笑顔で対応すること，挨拶を深くすること，……要するにサービス精神ですよね」と。ほんとうにそうかもしれません。敷居の高い学校経営にしてはなりません。

まず私が思うに，職場の風通しをよくすることであり，校長以下，お互いの仕事ぶりを見届けていく姿勢が問われます。

**報・連・相のシステム化を**

いろいろな問題が起きた時に，その問題自体のことであれこれ問題が大きくなるのではなく，その問題の処理に不手際が生じて，後手後手になることが多々あります。そのためには，「報，連，相」のシステムアップをしっかりしておかないといけないのではないでしょうか。

**問題を起こした教師を叱ることを優先しない**

問題が起きた時に，校長を含めて上司である教師が，その教師を叱ることを優先すると，職場の中に，自分で問題を処理しようとする空気が生まれます。校長や教頭が知らないでいることが問題になります。電話での苦情に，その

事故や事件の概要を知らされていない教師が受けると対応がチグハグします。「なんだ！　こんなに悩んで電話しているのに，校内では周知していないのか！」と激しく怒鳴られることが多々あります。

　起きてしまったことは仕方ないことだから，しっかり報告，連絡，相談をきちんとする体制の確保が必要になります。当たり前のことを当たり前に行う学校は，余裕があります。しかし，ピリピリした職場の雰囲気では適切な解決ができません。

　保護者は問題解決に誰が真剣に向き合ってくれたかを見届けようとしています。それが，昔であれば，学年主任対応で済んだことが，校長対応が増えてきたゆえんです。そのためにも，報・連・相のシステム化（マニュアル化）が喫緊の課題になります。

**外部機関に相談することは恥ずかしいことではない**

　そして問題がこじれてきたり，複雑化してきたりした場合は，外部の関係機関の援助が必要かどうかも手際よく決断して，依頼し相談に乗ってもらうことが大事になります。それは決して恥ずかしいことではありません。措置権のある機関に必要な要請をすることも大事な対策です。

# Ⅳ

# 「聴くこと」に徹した
# リーダーとしての教師の精進

よく，職場の中が風通しのよい仲間関係にあることが大切だと言われます。

　私も教育行政職に身を置いたことがありますが，その中でつくづく感じたことは，上意下達の組織になっていることです。お互いが与えられた分野をこなしていくだけであって，新しい発想を生かすような時と場があまりにも硬直していたなと思います。純粋に生涯行政職にある人たちには，仲間同士の会話をすることさえ，禁じられているように私には見えました。そんな中で新しい発想や見直しが行われていくことができるのでしょうか。

**雑談が気安くできる職場づくり**

　私は教育現場において，職場関係を築くうえでもっとも重要なことは，いかに「雑談」が気安くできる職場であるかにかかっているように考えます。「雑談などをしていて，仕事が滞るのではないか」と案じる向きもありましょうが，私は新任教師との勉強会をする際にも雑談の機会を意図的に作ったつもりです。

　それは，一言で言えば，「互いに話し合い聴き合う」体制の構築です。ここでも「聴く」ことが，大変重要な姿勢になります。授業づくり学級づくりには直接つながらないかもしれませんが，そんなことを踏まえて，リーダーの望ましい姿について，一緒に考えていきましょう。

　なお，私がここでリーダーと呼ぶのは，校長以下，学年主任，教科主任など，あらゆる分野でのその学校の軸になる教師たちを指しています。

# Ⅳ 「聴くこと」に徹したリーダーとしての教師の精進

## 1 「筋を通すシステム」はいかがなものか

**学校は中小企業である**

　私は，学校という職場は，中小企業だと思っています。零細企業と言ってもよいかもしれません。大勢の子どもを抱えていても，せいぜい数十人の教職員で学校を経営していきます。中規模の学校では，10数人で学校を経営している場合も多々あります。

　そんな職場の基地が「職員室」です。職員室は，学年ごとに分かれていて，隣の学年と別々の島状態になって仕事をしています。多くの教師たちは，ほとんどを教室で過ごしますから，朝夕が語らいの場になりますが，ふだんは，職員室は空っぽの状態になることもしばしばです。

**起案表の廻し方に異議あり**

　そんな職員室で語らうのは，子どもが帰った後の放課後です。そこで授業の準備をしたり学校運営にかかわる企画を立ち上げたりします。その場合，「起案表」なるものがあって，係になっている教師は企画した中身を文書化して，校務主任，教務主任，教頭，校長に廻していくのです。

　この一連の流れについて，私はかねがね非能率的だなと思ってきました。確かに職務上，上の立場の方に閲覧してもらって，修正箇所を指摘してもらい手直しすることが基本だとは思いますが，「ろくに見もしないで押されたような印」が押してあって，校長のところに廻ってきた時，「ほんとうによく見て，企画者の話を聴いて判を押したのかな？」と疑わしいケースをたびたび経験してきました。

　企画書が前例（前年度）の企画書を丸写しにしたような

ことになっていて，ただ役割分担の名前が入れ替えてあるだけのような企画書に安易に捺印するよりも，企画者に「今回はどこに特色を出そうと思って企画したのか」を問いただすことくらいの知恵が働いてもいいなと思うのです。

> 日常的な雑談の中で企画書のヒントを得る

もっと言えば，その職場で，日常的な雑談の中で，ヒントを得たり，直接教頭先生の知恵を借りたり，また校長先生はどう考えているかを尋ねたりして，企画書に盛り込むことです。その場合も，企画者として，この企画に賭ける思いをしっかり語り合う雑談がやはり大事なことになってくるように思います。

猛暑続きの中での運動会や酷暑での校外学習の在り方などは，とかく萎縮したり取りやめたりしがちですが，「子ども目線」に立ち，かつ，教師としての「教育的な意義」もしっかり吟味して企画していきたいものです。

何度も言いますが，学校という職場は中小企業です。「みんなで知恵を出し合って」というところを考えた時に，自分の企画したいことを「大いに雑談して」，その上で，筋を通すことに意味があると考えます。

## 2　下座に生きる

リーダーは厚顔で傲慢さが出ていると，もうそれだけで部下は離れていきます。いや離れていかないかもしれませんが，心底からリーダーを慕って仕事をしてはくれません。「仕事をするのだから，慕ってなんて情に流されているような仕事の仕方ではなく，ドライでクールなやり方でも仕

Ⅳ 「聴くこと」に徹したリーダーとしての教師の精進

事をしっかりやり切らせる，やってもらうようなリーダーの存在感が必要だ」という考えもあるでしょう。

**教師は「まこと」に生きる聖職者でありたい**

しかし，古い考えかもしれませんが，教師は営業マンでも歩合制に生きるサラリーマンでもないと思っています。「損か得か」に生きる職業人ではなくて，「まこと」に生きる聖職者でありたいと思います。だから職場の教師たちには，納得して仕事をしてもらいたいし，権力主義で仕事をさせるリーダーにはなりたくないと思います。

「下座(げざ)に生きる」という表現は，決して部下に媚びへつらうリーダーの在り方を説いているのではありません。時には熱く，時には悲しみに満ちて持論を展開する上司でありたいのです。そして，その持論にどのような「反論」や「異議」がぶつけられても，謙虚に素直に耳を傾けられる姿勢を保ちたいということです。その営みが，どれほど部下のやる気を引き出していくことか，また誠実なリーダーの姿を浮かび上がらせることになっていくか，部下は凝視しているのです。

**リーダーは大きな耳を持って下座に生きる**

職場の仲間は，リーダーである上司や教頭，校長が「謙虚に耳を傾けてくれる」ことを敏感にとらえます。「リーダーが大きな耳を持って下座に生きる」姿勢を見せれば見せるほど，真摯に熱意を込めて実践する部下が育ちます。心底ほれ込んだ上司と部下の関係になります。

断っておきますが，迎合主義で優柔不断な判断で，ブレがあってよいのではありません。軸がしっかりしていることは，当然大切なことです。意義や反論をすべて受け入れて迎合していては，学校という船は羅針盤を失うことになります。そういうことを言っているのではありません。「聴

く耳を持つ」ことは，よく聴いて是々非々の判断を沈着冷静にすることです。下座に生きることが，職場の雰囲気を大きく変えていくことは，実践者であれば，よく理解できることでしょう。

## 3　対極に学ぶ

　若い頃，それは昭和の半ばの頃でしょうか，学年会や職員会議はいつもいつも喧々諤々(けんけんがくがく)になるほどの荒れ様でした。いや荒れ様というのは，適切な表現ではありません。「異議」を感じたことには，率直に意見を言うことが，教職に身を置く者としての当然の在り方だったのです。これは，私だけの思いではなく，大方の教師たちは同じように思っていたことでしょう。それは熱い実践へのエネルギーのほとばしりでもありました。

**異質を排除する動きが強まってきた**

　それがいつの頃からか，多くの教師たちが黙して語らずに案件を受け入れていく職員会議へと変身していったのです。それは一言で言えば，穏健になったと言えるでしょうが，そうではなくて管理体制の強化に合わせて「無駄な抵抗をしない」小利口な生き方をする無気力な教師が増えてきたのです。職場の中でも同質を良しとして，異質を極端に排除する動きが年々強まってきたようです。

　不思議なもので，そうなると，時として極端に急進的な教師が輩出されてきました。私の勤務していた学校にもバラバラと，そういう教師がいました。学校のリーダーたちは，そういう教師が職場にいることをきわめて嫌いました。

Ⅳ 「聴くこと」に徹したリーダーとしての教師の精進

「事をスムーズに進めることに抵抗したり反対したり」するからです。過激な言動で反対する彼らには、手を焼いていたのです。

　私はもともと小心者です。対立や闘争を好みません。できれば、みんなでがんばっていく一枚岩の共同体としての職場が憧れでした。しかしそれはよくよく考えてみると、リーダーである私のご都合主義的な安直な考えでもあることに気づいたのです。最初にそういう教師と出会った頃は、私はできるだけそういう教師とは接触をさけて、事を荒立てることをしないことにしていました。

　それが校長職2校目くらいから、そういう私とは意見を異にする教師になぜか興味を持つようになりました。過激で危ないと学校のリーダーたちから恐れられている教師になぜか近づいてみたくなったのです。

意見を異にする教師の言葉に耳を傾ける

　それはシーンと静まり返った職員会議や普通の会議での彼らの発言に、どこか真実味があると思える部分があったからです。むしろ黙っている教師たちが、無責任な他人事のように考えていることに、腹立たしくなってきたのでした。「私たちの学校をどうしたいか、どうしなければならないか」の議論をもっともっと白熱してやってこその「学校現場」でありたいと思いました。

　ただ過激な教師の中には、職場を混乱させたり壊したりする教師もいます。しかし、たとえそういう教師でも、「聴く耳」を持つことがとても大切なことだと思えるのです。「対極に学ぶ」は、私のそれからの座右の銘になりました。意見を異にする教師たちには耳を傾けるだけでよいのです。その一瞬をこわばった顔つきで、拒否しないことです。た

とえ無謀な意見であっても,「ありがとう,あなたの意見はしっかり聴かせてもらったよ。でもそれはすぐに実現する課題にできるかどうかは未知数です。じっくり考えて生かせる時期がきたら,生かしたい」と言える自分になってきました。

**拒否や排斥からは何も生まれない**

　拒否や排斥することは,いつでもできます。拒否や排斥からは,険悪な空気は生み出せても,建設的な学校経営にはなり得ません。私はみなさんに「対極に学ぶ姿勢を堅持していくリーダー」になってほしいと願っています。

## 4　ピンチこそチャンスだ

**気になる2つの教室**

　私が教頭職について2学期を迎えていました。その頃,学校の中を巡回していて気になる教室が2つありました。2年生のN先生の学級と6年生のG先生の学級です。

　ある日のことでした。2年生のN先生の2階の教室の窓から1人の男の子が飛び降りるというショッキングな出来事があったのです。幸いにも花壇の上に降りる格好になって,どこも怪我することなく,尻もちをついて終わったのですが,校長先生はすぐに「N先生を呼んで事情を聴いてくれ」と私に言われたのです。

　N先生は泣きながら,学級経営が一部の男子にかく乱されていること,指導が入っていかないことを語ってくれました。そして今まで落ち着いていたはずの女子までが授業中もおしゃべりをして授業がやれないと言うのです。

　＜そこまで事態は深刻であったのか＞私は話を聴きなが

ら，あまりに迂闊であった自分が情けなくなってきたのです。「悪かったなあ，あなたのそんな苦しみを少しも考えることをしなくて……。」彼女の嗚咽は一段と激しさを増して，私はしばらく呆然としているしかありませんでした。

　悪い時には悪いことが重なるものです。6年生のG先生の教室でも，子どもたちが騒ぎ立てて授業妨害をしているという「噂」が広がっていました。私はG先生にも事情を聴きました。彼は体育会系の大柄な教師です。「ぼくの力がないものですから，子どもたちが授業に魅力を感じません。揚げ足をとるような子どもたちが増えてきて……。」

　私は2人の話を聴きながら，自分の鈍感さに腹が立ってきました。思えば思うほど，「苦しみの中にいる教師たちが見えていない」自分を情けなく思ったのでした。

　私は夜，床について考えました。「これを悲観的に考えてはいけない。なんとかピンチをチャンスにしていかなくては……。」そこまで考えても，その解決にはなかなか名案がありません。

**2人の教師とつながる**　　しかし，うれしいこともかすかではありましたが，ありました。それは2人の教師がどことなく私に笑顔を見せるようになったのです。「この間はお世話になりました。教頭先生は，そんな私を『悪かったなあ』と支えてくださって，一度も私を責められませんでした」「ぼくも至らないばかりですが，これからも相談に乗ってください」と。

**危ない状態でも手ごたえを感じる**　　私は学校の中で，ほんとうに危ない状態が展開されているのに，何故かしら自分が教師たちとつながっていける手ごたえを感じていました。私が赴任して最初のピンチでしたが，「これからはこのピンチを最大のチャンスにするた

めに，とことん 2 人の教師にかかわってかかわりきるぞ」と強い思いが湧いてきたのでした。それからは，毎日毎日 2 人の教室を訪問して，授業中も，休み時間をも過ごして……トコトン寄り添っていこうと決断したのです。

**教師たちの学びの夕べの誕生**

＜今は N さん，G さんも私と語る機会を求めている。この機会こそが天が吾に与えてくれたチャンスなんだ！＞それからは毎夕の如く，2 人の教室で起きた様々なことや授業の進め方について語り合う日々になっていきました。そのことは，2 人の教師にとどまらず，やがて学年主任も加わって，「教師たちの学びの夕べ」になっていったのでした。

## 5　週案簿こそ「聴く場」

教頭職になった 3 年目，教師たちの姿で一番変わってきたことを 1 つあげるとしたら，それは「教師たちが自分の教室の中で行っている実践を記録化していくことができるようになってきた」ことだと言えました。

**記録簿（週案簿）の反省欄の貧弱さ**

3 年前，教師たちが毎週「週案簿」というその週の指導計画を書き綴った記録簿を教務主任に提出していました。もちろん教頭も校長も点検します。その一隅に「実践の反省欄」があります。初めてこの学校に来た時，その記録簿の反省欄の貧弱なことに驚きました。2～3 の教師を除いて，ほとんど空欄か書いてあっても 2～3 行でありきたりのことが綴ってありました。それは検閲を受けるために，仕方なく書いた中身でした。

Ⅳ 「聴くこと」に徹したリーダーとしての教師の精進

「今週もあわただしく終わった。もう少し落ち着いて授業のできる学級にしたい」「忘れ物が多いので気をつけたい。ガラスが割れたのも生活に乱れがあるように思う。がんばってやっていきたい」「授業の進度が遅れがちになる。教材研究をしっかりして無駄な時間をつくらないようにしていきたい」などなど大雑把な記録が綴ってありました。

**記録簿（週案簿）に朱筆を入れる**

私は教務主任が点検した後，家にその記録簿を持ち帰り，月曜日の晩は晩酌をすることもなく，その記録簿の空いているところに，その教師に語りかけるように朱筆を入れました。

「最近，先生の学級の前を通りかかるとうれしく感じます。だって授業に集中しているような，挙手が増えてきているし，何よりも大きな声で発言してみんなもよく聴いているので，私までうれしくなります。」

「先生の教室の前に貼ってある『教室はまちがえるところだ』の詩がいいですね。教室をまちがえるところだと意識させることが，どんなに伸びやかな雰囲気をつくることでしょうか。先生の地道な実践への挑みに共感します。」

27名の教師に向かって，一人ひとり語りかけるように書き込みました。決して追い込むことではなくて，「あなたのやっていることは共感できることです」「あなたの学級のJ君がとっても変わってきた」「先生の学級の掃除区域のトイレがとてもよく整頓されていてきれいになっていますね」などと書いたのです。

私としては，個人的に話したいこと，聴きたいことの山ほどあるうちの一部を……それもできるだけ「うれしかったこと」「感謝したいこと」を中心にして手紙のように朱

73

筆したのでした。

   *真っ先に朱筆の部分を読む教師*

教師たちも返却されると真っ先にそれを読んでいる光景を見るようになってきました。中には，「教頭先生，週案簿に子どもの名前や出来事を書いてもいいのですか」と聴いてくる教師もいました。それにはあきれましたが，「いいですよ。それどころか，そうやって綴っていくことで自分の実践活動の足跡を見つめることができていくし，何よりも担任としてのやりがいも生まれると思いますよ」と話したことでした。それからは，週案簿がお互いの交換日記のようになっていったのでした。

それは，教師たちの動きや実践を見逃さない聴き逃さない教頭になりたいと自分に精進を戒めたものでした。改めて「聴くこと，共感していくこと」の大切さを認識しました。

## 6　ちょっとした現職研修の場づくりを

*職員会議のあとに現職研修をする*

私が校長職にあった学校では，職員会議の最後に，必ず「現職研修」の時と場を20分くらい設定していました。忙しい毎日の中で，現職研修会を特定の曜日に設定すると，限られた時間しか持つことができませんし，その多くは指導案検討や学年研修になってしまいます。そんなこともあって，職員会議の最後に私や教頭先生，教務主任が，参観したり聴いたりした特定の教師に，自分の学級経営や授業づくりの一端を語ってもらうことにしていました。

それは，次のような事例です。
・発言挙手を黙ってすることの意義

Ⅳ 「聴くこと」に徹したリーダーとしての教師の精進

- 発言する子どもが聴く側の子どもを意識した発言の仕方
- 音読のやり方
- グループ活動の仕方
- 掃除のやり方の工夫
- 板書の書き方

など，多岐にわたっています。ここでは，音読の仕方を工夫した事例を年輩の女性教師に語ってもらった場面を再現してみましょう。

**音読の仕方の提案（現職研修より）**

「私は子どもたちの音読がどうしたら，大きな声で，しかも思いを込めて音読することができるかを国語の授業の中で意識してやってきました。まだまだですが，こんなやり方です。

まずは，音読をする時に，『全員起立して音読すること』にしました。座ったままで音読をさせていましたが，どうも声が出にくいことと，『さあ音読するよ』というスイッチの切り替えができないままに読むことになってしまったからです。それに加えて音読には，一斉読みと言って，子どもたちが声を揃えて同じ箇所を読む読ませ方もあると思いますが，私はあえてその子の速さでゆっくり大きな声で読むことを推奨しました。それを『バラバラ読み』と名付けました。

ここで先生方に，試してほしいのですね。教科書のコピーを持ってきましたので今から配付します。（配付完了）これは，『自然のかくし絵』の一部ですが，みなさんにまずは一斉読みで音読してもらいます。起立してください。

それではいいでしょうか。(全員起立して一斉読みを行う)はい,ありがとうございました。

では,今度は同じところをバラバラに自分の読みの速さで読んでください。(全員バラバラ読みを行う)はい,ありがとうございました。

どちらが,読み取りやすく感じることができたでしょうか。(全員バラバラ読みに挙手)はい,ありがとうございました。

そんなわけで私は音読をこんなふうに行っています。低学年では音読に45分のうちで10分くらいは使っています。以上で私の話を終わります。」(拍手)

**提案後の教室を回る**　私は,このような提案がなされた後の教室を回ります。そうすると若い教師ほど率先して学んだことを取り入れることに積極的になっていることがわかります。そんな場面を見ると,すぐに後で,「あなたは素直に学んでいたようだがやってみてどうでしたか」と尋ねます。「はい,なんだか授業の知恵袋が増えたような気がしてうれしいです」と笑顔で応えてくれます。

仰々しい授業改善の手法を学ぶことも大事なことですが,こうしたちょっとしたお互いの持っているアイデアを共有化(聴き合い)していくことに,私は授業改善,学級経営改善の糸口があるように思うのです。

## 7　教師の成長の過程を意識してとらえる

**年2回授業公開をする学校**

　私が学校行脚する中で，一人の教師に年2回以上の授業公開を提唱して実践している学校がありました。それは校長先生が提案したものです。その提案に多くの教師は不満を露わにしました。「ただでさえ，日々の準備や仕事があるのに年2回はきつい」という意見が大半でした。しかし，その校長先生は，「指導案は略案でいいし，なくてもいいから，公開してほしい。これは私がこの学校の校長であるうちは譲れないことだ」と力説したのでした。

　多くの先生方は，不満をブツブツ言いながらも，従うしかありません。夏休み前か2学期の初めに1回目を行う教師がほとんどです。中には4月の立ち上がりに「学級びらき，授業びらき」を兼ねて授業公開する教師もいました。参観者は誰でもよいのですが，校長先生は欠かさず参観したのです。そうして，参観した教師が集まって授業後に雑談会を行いました。

　そこでは，よかったこともたくさん出されましたが，今後の課題になることも多々指摘がありました。校長先生は，「今みんなが改善点をいろいろ出してくれたが，それは今日授業したAさんだけの問題ではないですよね。みんなの改善点だね。改善点を指摘されたAさんは悔しいかもしれないけれど，それは授業改善の登山口が見えたことなんだ。だからこれからの精進にやりがいがあると思うよ。がんばろう」と言って終わったのでした。

**1回目の改善点を2回目で改める**

　それから半年たって，Aさんは，再び授業を公開したのです。そこには，1回目の時に指摘された改善点が工夫されて実践されています。後の雑談会では，そのことが多くの教師によって賞賛の声として出されました。Aさんはどこか恥ずかしいような顔をしていましたが，なんとなくうれしそうです。

　この学校では，そんなわけで「2回の授業公開」は，やってみて「とても好評」になりました。それは，自分の授業改善点を指摘してもらって，それがどんなふうに改善されたかを見届けてもらえる満足感があったのです。

**教師の成長を見届ける現職研修を**

　そこには，校長先生の意図がはっきり出ています。校長先生は私に言いました。「授業を1回やっただけでその年の自分の現職研修の授業公開（研究授業）が終わったということでは，その教師の成長を見届けることができません。それにみんなにがんばった，やり遂げたという満足感を味わってもらうこともできません」「授業実践の上手な教師がいつもほめられて終わる勉強会ではなくて，どの教師も成長の足跡をたどることのできる学校にしたいのです。そんな教師たちの活躍する学校にしたいのです」「中には，2回だけの公開では満足できません。3回目をやらせてくださいというような教師も育ちつつあります。私にはとてもうれしいことです」と目を細めて話してくださいました。

　1回の授業公開で，その教師の授業の力量をあれこれ講釈するのではなく，2回つまり2点でその教師の成長ぶりをとらえるという発想は，たいへんユニークな教師の鍛え方であると同時に，一人ひとりの教師にその年に精進したい具体的な目標を明確にするという意味で，たいへん意義

Ⅳ 「聴くこと」に徹したリーダーとしての教師の精進

深い現職研修の在り方であると思ったことでした。

## 8 「雑談会」を意識して行うリーダーに

　私が校長職に就いた時，心がけたことの一つに「教師と雑談する」ことでした。それはその教師の空き時間であったり，授業後の時間であったり，とくに夏休みのような時期に，学校の日直当番で来ている教師と時間を調節しての雑談会を意識して行いました。

**校長室の雑談は教師の心を満足させる雑談を**

　多くの教師は，校長室に「ちょっと来てくれないか」と言うと，何か問題的なことをしたことを咎められるのかと疑心暗鬼で校長室に来ます。そんな教師に私（校長）の意図したことは，その教師が校長室から出ていく時，「私も満更ではないな」と顔をあげて明るい顔つきで職員室に行ける教師になってほしいと意識して，気をつけました。そのためには，その教師が萎縮して校長室に入ってきた雰囲気とは違った気持ちになって出ていくことを心がけた雑談にしたかったのです。

　「校長先生との話し合いは，不思議な時間でした。何も話題のないような，そんな緊張感の中で校長室のソファーに腰を下ろしながら，自分の子育てのこと，最近見た映画のこと，またテレビや本の話題など，実に取り留めもないことを話すのです。いつの間にか，校長先生と話していることを忘れて世間談議に。そんな中で私の悩みも聴いてもらいました。教室でのＢくんのことやＥさんの母親のことなど，私の対応のまずさを話しました。いつの間にか涙

79

が出てきました。でも校長先生は，『あなたの対応は，ほんとうに誠実だと思うよ。なかなかそんなにも我慢強く対応できないものだ。よくまあ子どもの不満や意見を聴いてあげているね』と慰めてくれました。」

**雑談とは共感して聴くこと**

　またある教師は，「校長室で，校長先生と雑談をするなんて聴いた時，いったい何を話すの？　と思ったものです。校長先生は確かに職場のお父さんのような存在ですが，あまり親近感がなくて，距離を置いて考えていました。それだけに最初に校長室に呼ばれた時は，何か悪いことでもしたかと恐る恐る校長室に入ったものです。それが2回3回と続くと，待ち遠しくなり，押しかけていって自分の愚痴を聴いてもらったり，ヒントになることを聴き出したりして，うれしくなって，がんばる気持ちが高まったものです」と。

　教師の多くは真面目にがんばろうとしています。しかし，なかなか思うように順調に成果につながりません。そんな時，焦りますし，苛立ちます。教師としての平常心が崩れてバランスを欠きます。そんな時に，「ホッと」息の抜ける時と場を用意することもリーダーの役目ではないでしょうか。時に紅潮して話す教師たちの目線に合わせて，「うんうん」と話に傾聴していく姿勢を持つことが，どれほど教師たちの心を癒すことかは，かつて自分が若い頃にそんな出会いをつくってくれた先輩教師との思い出と重なるのです。

**リーダーは傾聴を心がける**

　リーダーは，「指導」しがちになります。それ以上に大事なことは，「傾聴すること」だと思います。結論的なことを「指導」という名目で，簡単に結論づけることが決し

IV 「聴くこと」に徹したリーダーとしての教師の精進

て，その教師の心を満足させることにはなりません。「誰かに聴いてほしかった」そのことを語ることで，その教師は癒されていくのです。

## 9　保護者との対応の出番を覚悟する

　今の学校現場には，子ども（生徒）の様々なトラブルに翻弄されている面が多々あります。多分10数年前とは大違いの保護者対応，家庭問題へのかかわりが，学校現場の大きな仕事として，大きな負担になっているのが現状です。いじめ，不登校，心身症，勉強の遅れに伴う様々なことなど，事例に事欠きません。保護者の育児にかかわる家庭内不和も抱え込むことがあります。

　一番問題なのは，それらの問題事例に保護者が子どもの養育を放置している（放棄している）家庭が増えてきていることです。そうした事例は学校だけでは対応できません。関係機関との連携を喫緊に行い，早急に手を打たないと大変なことになることもしばしばです。

小4でいじめが

　私のかかわっている学校で，小学校4年生でのいじめの事例がありました。

母親からの電話

　それは，保護者からの通告で，「私の子どもは，何もしていないのに，他の子どもからシカトされているんですよ。先生は知っていますか！」と電話がありました。

養護教諭，教務主任に相談する担任

　すぐに担任は，養護教諭の先生にも相談したり，教務主任さんにも相談したりして，今後どう対応していくか対策に奔走しました。

この担任の偉いところは，すぐに自分で拙速に対応せずに，目上の人や養護教諭の先生にどんな情報が入っているかを教えてもらって動こうとしているところです。

**養護教諭，教務主任同席で母親から事情を聴く**

　後日，担任は，保護者から事情をうかがう機会を設けました。そこには，養護教諭の先生と教務主任の先生にも同席してもらいました。母親は興奮状態で，泣きわめきながら，事の真相を語るのでした。それは吐きだすような叫びにも似た訴えでした。取り回しを教務主任がしました。「お母さん，苦しかったでしょうね」それが教務主任の第一声でした。その言葉に母親は，さらに嗚咽して涙を流しました。

**「ゆとり」を学校側が持つ**

　ここで大切なことは，すぐに解決の糸口が見いだせないことを前提にして対応する「ゆとり」を学校側が持つことです。「聴くことに徹する姿勢」を貫くことです。すぐに解決的な方向に動こうとするよりも，まずは母親の言い分をしっかり受け止める学校側の体制づくりが大事なことです。

　その日は，母親の言い分をよく傾聴することに終始しました。そして，学校側も担任を中心にして，その子の様子や友だちとのかかわりを見ていくこと，家庭でもどんな様子か，その変化を見届けていくことを約束して終わったのでした。

**事態は深刻化せず収束**

　この事例は，出発は母親の感情的な吐露に始まったのですが，事態はあまり深刻化せずに収束しました。それは，学校側が母親の気持ちに寄り添い，母親の願いや希望をしっかりキャッチングしたからです。

　問題は，こんなことでは到底解決しない事例がどこの学

## Ⅳ 「聴くこと」に徹したリーダーとしての教師の精進

校にもいくつかあるということです。対応する教師たちも疲弊して、授業どころではありません。

私が校長の時に体験した事例を書き記しましょう。

**男女2人の子の転入**　それは、2年生の女の子と5年生の男の子が転入してくることから始まりました。母親は厚化粧で、体格が80キロくらいあるでしょうか。ガウンのような服装で学校に来ました。転入する手続きをしたものの、「必要なものは学校で揃えてほしい。今はお金がないので払えない」そんなやり取りで始まった出会いでした。

**男の子のトラブル**　その転入してきた5年生の男の子が、ひょんなことから、6年生の数名の子どもと諍い(いさか)を起こしたのです。5年生の男の子が6年生のカバンを、登下校の時に引き裂いて投げ捨てたことに、腹を立てた6年生が5年生の男の子を殴ったのでした。それは、5年と6年の担任が中に入って一件落着の収まりを見せていたのです。

**学校に乗り込んできた母親**　それが起きて数日した頃、母親が校長室にづかづかと入ってきました。「テメエのやり方が気に食わない。ここに息子を殴った6年生を連れてこい。オレが殴ってやる」と息巻いているのです。母親の言動とも思えません。

「テメエとは誰のことですか。」「おまえに決まっている！早くしろ！」そんな血気にはやった母親に6年生の子どもを会わせるわけにはいきません。

**殴りたいなら私を殴れ**　「そうですか、そんなに殴りたいなら、私を殴ってください」私は思わず言い放ちました。「さあ、殴れ！」さすがに母親は後ろに下がりました。

私も今までいろいろな事例に出会ってきましたが，これほどのひどい母親の言動に出会ったのは初めてです。私は開き直って相手に向かっていく姿勢を見せたのです。母親は「早くしろ！」の一点張りです。「ここは私の管理する学校です。あなたがやろうとしていることから，子どもたちを守るのが私の役目です。だから，6年生の子どもを殴りたかったら，私を殴ってからにしてください。」

　その件は，母親が「今に見てろ！」のセリフを言い放って帰りました。

**虐待を受けていた女の子**

　それから，数ヵ月したころ，2年生の担任から，「ここ数週間観察しているけれど転入してきた子どもに，あざや傷跡がいっぱいあって，『どうしたの？』と聴いても何も言わないのです」と申し出がありました。例の母親の子どもです。私は直感的に虐待だと判断しました。

　すぐに家庭訪問をしました。担任だけでは危ないと思って，私も同行しました。母親は留守をよそおい出てきません。

　それから半月くらいの間に数回の訪問を繰り返しました。虐待はひどくなっていることを2年生の子どもがポツポツと話します。ファミリーレストランで，自分だけ食事の中にワサビを入れて食べろと言われた，掃除機の柄で殴られた，夜寝る時にふとんをはぎ取られたなどなど，虐待はエスカレートしていきました。

**女の子を保護**

　私はすでに決断していました。「この2年生の子を保護しなくてはならない。子どもを帰宅させてはならない。」すぐに児童相談所に通告して保護してもらう手続きを取りました。すでに児相には逐次連絡をしていましたので，「校長先生の判断を尊重します」ということで措置をしたので

## Ⅳ 「聴くこと」に徹したリーダーとしての教師の精進

した。

**子どもを守る義務がある**

母親が怒って学校に来たのは言うまでもありません。しかし、私も子どもを守る義務があります。私は一歩も引かず闘いました。

**素直になった母親**

それから、半月経った頃、母親がまた学校に来ました。その時の母親はこれまでの母親ではありません。どこか落ち着いています。よく聴いてみると、2年生の子どもは今の父親の子どもではないということで、どうしても差別的に扱っていたこと、5年生の子どももだんだん言うことを聴かなくなって困っていることを話してくれたのでした。今まで見せたことのない弱音を言う素直な母親になっていたのです。

　何がどうなったのでしょうか。私には皆目見当がつきませんでしたが、「お母さんも苦しかったんだね。よくぞ話してくれました。2年生の子は元気でやっているようですよ。安心してくださいね。これからも何かあったら、学校に来てください」と言って、その場を終えたことでした。

　阿修羅のような怒った母親であったのですが、そんな母親もこんなしおらしい面があったのかと思ったことでした。それからは、母親は担任とも話が少しずつできるようになって5年生の子どもは6年生になり無事に卒業していったのでした。

　こんな事例は私の教師人生でもまれなケースですが、いつものケースとは違います。体を張って体当たりする決断を求められます。

# 10　学校を「ひらく」

**地域に愛される学校になる**

　学校は小学校でも中学校でも，その校区のみなさんから愛される学校にならなくてはならないのです。登下校の交通問題や不審者の問題などで，地域のみなさんの協力を得ないと立ち行かない状況になってきています。不登校や虐待問題を含めての情報も地域の協力なくして解決に至りません。「学校をひらく」ということは，「おらが学校」という愛校心に至るための学校の精進事項です。

**学校の教育活動を地域に発信する**

　そのために学校がやるべきことは，多々あります。まずは「今学校はどんな教育活動をしているか」を地域のみなさんに情報発信しなくてはなりません。何を特色として学校運営をしているのか，子どもたちはどんな教育を受けているのか，お知らせしていくことが必要になります。

**地域の方々と意見交換する**

　地域には，総代さんとか区長さんという町の代表の方々がいます。そういう方々を窓口にして，意見交換をしたり，学校の情報を発信したりしていくべきです。学校がやりたいと思っていても，地域のみなさんの協力がないとやれないこと（自然体験，農業体験，工場体験などなど），反対に地域の敬老会への子どもの参加，地域運動会や球技大会への協力など，一見学校行事とは離れているようなことにも協力的になってこそ，両者の関係は濃密なものになっていくのです。

　教師たちの中には，学校内の授業や様々な行事だけでも手いっぱいのところで，さらに地域への出前的な参加をあ

IV 「聴くこと」に徹したリーダーとしての教師の精進

れこれ問題視する向きもあるでしょう。

　地域の河川の環境美化に取り組んでいる地域がありました。その校区では小学校も中学校も総合的な学習の一環として，日曜日の行事ではあっても，振り替え授業にして参加をして，大きな成果をあげています。「川をきれいにする」活動に小中学校が協力しての参加は，地域の方々にも歓迎されていました。そして，夏草が茂る9月には，反対に校内の草刈りやゴミ片づけにも協力してもらえる関係が生まれていたのです。

**校区の「地域会議」に参加する**

　私が校長をしていた地域には，校区の区長さんの集まりである「地域会議」が隔月に設定されていました。14地区の区長さんたちが参加しての地域会議は，「絶好の学校をひらく場だ」と私は思い，「参加させてもらっていいでしょうか」と，参加をお願いしたほどでした。校長と教頭の二人が，夜の会合ではあっても，「今，この校区でどんなことが問題（話題）になっているか」を知ることは，大変有益なことであると思ったのです。

**「地域会議」からキャッチングする大切さ**

　実際参加してみると，「まちづくり」に関わる議題が中心ですが，そこには必ず小学生や中学生の問題もからんでいるのです。地域の祭り的なイベントだけではなく，「地域見守り隊」的な発想も次々に出されて，大変学校側としてはありがたい提案が審議されているのです。

　学校関係者が知らないところで，このような動きがあることを普通ならば見逃すところですが，こうした会議に参加することによって，また学校に持ち帰って教師たちに知らしめ，地域の活動を理解し，地域行事に教師も時間の許す限り参加していく積極性が長い目で見た時に，大いに学

87

校への信頼度を増していくように考えて取り組んだことでした。

**地域に開かれた目と耳を持つ**

　「学校をひらく」ことは，論だけでは，進みません。実際に足を運び，地域に理解を得るためには，「動くこと」がリーダーに求められます。地域に開かれた目と耳を持ったリーダーであってこその学校づくりだと思うばかりです。

### エピローグ

# 私の体験した「入院生活」から思うこと

　昨今世の中のリーダー的な立場にある大人の言動が，パワハラであったりセクハラであったりして大きな問題になっています。どこかギクシャクした寛容度の低い社会の実態を憂うのは私だけでしょうか。

　子どもが育つ家庭においても，親の虐待や明らかにいじめと思われる現実が如実に出ています。

　不登校やいじめ，ひきこもりにかかわって，学校に持ち込まれる難題も，親の一方的なバッシングに担任教師を含め管理職においても，タジタジのように見受けられます。相手の話を聴かず，一方的な言い分をぶつけてくる現実に，教師たちも心を痛め，精神的に潰れていく有り様です。

　そこには，相手の立場に立って「聴く」「寄り添っていく」姿勢が大きく欠如しているのです。

　ある時期，私は体調を崩してかなり長い入院生活を送りました。

　そんな時，私にとってとても頼りになったのは，看護師さんの存在でした。

　主治医の先生も回診してくださいます。毎日午前10時前後か，午後の3時ころに病室を訪れて「どうでしょうか」と。その時間は，数分いや1～2分の場合もあります。私の話も聴いていただけるけれど，主な内容は症状について，どう対応するかを手短に話されて部屋を出て行かれます。それはそれでとても心が癒され，安ど感を私に与えてくださいました。

　しかし，私のどうでもいいような心境というか，愚痴のような不安な心の内を語ることを聴いてくださるほどは長くなかったのです。

その点，看護師さんは違いました。私の話に耳を傾けてくださるのです。他人様から考えたらくだらないような駄弁に共感してくださったり，受容してくださったり。

　それまでの私の看護師さんのイメージは，主治医の先生の指示に従って，病気に関わる点滴をしたり，血圧測定をしたり，体温を測ったりというような仕事が中心であろうと思っていました。実際そういう仕事を手際よくやってくださっていました。しかし私は，「私の話を聴いてくださる」というその一点に，大きな歓びと感謝の気持ちが湧いてきたのでした。

　Dさんというベテランの看護師さんは，夜間勤務で忙しいはずなのに，私の体温や血圧測定に来たついでに，いやそれ以上の長い時間を私の症状に対する不安や私の小さい頃の食事への拒否的な症状の問題などを，ほんとうに目と耳でうなずきながら，聴いてくださいました。

　時々「大変でしたねえ」「なるほど」「そうでしたか。なんでも話してくださいね」「辛かったですねえ」などなど，ほんとうに共感的に受け止めてくださったのです。時には，「大丈夫ですよ」と私の両手を包み込みながら，「苦しい時ほど力になりたいです。お互いにつらいことは吐きだしましょう」と。

　私はそんなDさんの振る舞いに，心を癒され，時として孤独な寂しい心境になる自分が救われた思いがしました。そんな看護師さんの振る舞いは，若い看護師さんにも言えることでした。

　看護師さんは，「カウンセラーに近い存在だ」「いや，重篤な病気で苦しんでいる人に『寄り添う』ということをする人だ。そして患者に寄り添って痛みを共有して『聴く』ということを使命にしている人ではないか」と私は痛感したのです。自分が弱い立場になった時，ほんとうに心強く思うのは，主治医の先生の適切な処置であるとともに，それ以上に

看護師さんの「共感的な振る舞い方」だと強く思ったのです。それは私が実際に体験してみて，事前の予測をはるかに超えた営為だったのです。

　改めて，学校現場における教師の営為を考えた時に，私は「聴く」ことに込められた使命感の大きさを考えたのでした。私が，この本で記してきたことは，あまりに当たり前のことであるかもしれません。問題は，誰でも考え，誰でも思うような何気ない振る舞いも，それをほんとうに地道に実践するかどうかだと思うのです。

　教育界では，新しい指導要領の改訂に伴って，またAIの進歩に伴って，様々な方法や理念が実現されたり営まれたりしています。しかし，それは「教育界における流行の部分」であって，人間が人間を育む知恵とワザの不易な面をないがしろにしてよいはずはありません。

　この本は，まさに後期高齢者になった「老人のたわごと」かもしれません。たぶんそうだと思います。それでも自分の考えを語りたかったのは，「忘れてほしくない」「捨ててほしくない」というまさに「老婆心」からです。

　最後になりましたが，この本を上梓するにあたり，黎明書房社長武馬久仁裕様，編集担当都築康予様には細部にわたり適切な助言をいただきました。ここに厚くお礼申し上げます。

　この本が，悩みを深くしていく学校現場の「薬」になることを願いながら，ペンを置きます。

　　令和元年　晩秋

　　　　　　　　　　　　　　　　　　　　　　　　　　前 田 勝 洋

著者紹介
**前田勝洋**

　豊田市内に校長として勤務し，2003年退職。大学の非常勤講師を務める傍ら，求められて小中学校現場を『学校行脚』して，教師たちと苦楽を共にしている。

　著書に，『子どもと教師が育つ教室』『校長になられたあなたへの手紙』『「教師」　新たな自分との出会い』『校長を演じる　校長に徹する』『授業する力をきたえる』『学級づくりの力をきたえる』『教師の実践する力をきたえる』『教師のリーダーシップ力をきたえる』『教育に「希望」をつむぐ教師たち』『カンタンでグッとくる「見つけ学習」のすごさ』『みんなで，授業というバスに乗ろう！』『教師であるあなたにおくることば』『授業力をきわめる知恵とワザ』他，多数。

---

「聴く力」をみがきキャッチングに卓越した教師になる

2019年12月15日　初版発行

| | |
|---|---|
| 著　者 | 前田　勝洋 |
| 発行者 | 武馬　久仁裕 |
| 印　刷 | 株式会社　太洋社 |
| 製　本 | 株式会社　太洋社 |

発　行　所　　　　　株式会社　黎明書房

〒460-0002　名古屋市中区丸の内3-6-27　EBSビル　☎052-962-3045
　　　　　　FAX 052-951-9065　振替・00880-1-59001
〒101-0047　東京連絡所・千代田区内神田1-4-9　松苗ビル4階
　　　　　　　　　　　　　　　　　　　　　　☎03-3268-3470

落丁本・乱丁本はお取替します。　　ISBN978-4-654-02323-3
Ⓒ K. Maeda 2019, Printed in Japan

前田勝洋著　Ａ５判・164頁　2000円

## 授業力をきわめる知恵とワザ

優れた教師は，一体どこが優れているのか。優れた教師がきわめた授業づくりの知恵とワザを余すところなく伝える。カラー口絵２頁。

前田勝洋著　Ａ５判・143頁　1700円

## 教師であるあなたにおくることば　「実践する知恵とワザ」をみがく

今目の前にいる子どもたちを真摯に育てる「知恵あるワザ」のエッセンスを収録。日々悪戦苦闘する教師を癒し，励ます感動のことばの「くすり」です。

前田勝洋著　Ａ５判・125頁　1800円

## みんなで，授業というバスに乗ろう！　授業力を磨く知恵とワザをあなたに

子どもの授業への参加度を高める知恵とワザ，だれでもすぐ実践できる「見つけ学習」の知恵とワザ等を紹介。

前田勝洋著　Ａ５判・125頁　1800円

## カンタンでグッとくる「見つけ学習」のすごさ　授業が変わる13のステップと20のワザ

シンプルで誰でも実践でき，子どもが生まれ変わったように生き生きと授業に取り組むようになる魔法の学習法を紹介。

前田勝洋著　Ａ５判・157頁　2000円

## 教育に「希望」をつむぐ教師たち　「感動ありがとう」教師の知恵と自覚に学ぶ

現状を真摯に受け止め，真剣に教育の仕事に汗を流す教師，難しい世代の子どもたちを懸命に育てる教師等の実践を紹介。

前田勝洋著　Ａ５判・160頁　2000円

## 教師の実践する力をきたえる　「顔つきとことば」の仕掛けとワザをみがく

教師・校長として経験豊富な著者が，教師の信念や情熱を子どもや保護者に伝えるための「顔つきとことば」のきたえ方を伝授。

前田勝洋・実践同人たち著　Ａ５判・152頁　2000円

## 授業する力をきたえる　子どもをやる気にさせるワザと仕掛け

「三本のチョークで，板書を変えよう」「ネームプレートを二組用意しよう」等，教師のちょっとしたワザや仕掛けで，授業を変える方法を紹介。

表示価格は本体価格です。別途消費税がかかります。

■ホームページでは，新刊案内など，小社刊行物の詳細な情報を提供しております。「総合目録」もダウンロードできます。http://www.reimei-shobo.com/

前田勝洋編著　A5判・146頁　1800円

# 教師のリーダーシップ力をきたえる
現場に生きるリーダーの知恵とワザ

年間100回の学校行脚をする中で見聞きしたリーダーの姿と編著者自身の経験をもとに，リーダーの在り方を語る。

多賀一郎著　A5判・141頁　1900円

# 一人ひとりが聞く子どもに育つ教室の作り方

子ども同士の会話がうまくつながり，「対話」となるための指導の手立てを詳述。著者の「対話」ができる「聞く」子どもを育てる授業もまるごと収録。

多賀一郎著　A5判・154頁　2000円

# 改訂版　全員を聞く子どもにする教室の作り方

人の話をきちっと聞ける子どもの育て方を，具体的に順序だてて紹介。「第13章　まず，教師が聞くこと」を追加し，第9章で紹介の絵本を全て差し替え。

山田洋一編著　A5判・156頁　2000円

# 誰でもできる白熱する「対話」指導53

「主体的・対話的で，深い学び」を実現するための，普段の授業ですぐ使える「対話の仕掛け」等を実例を交え紹介。対話指導を一から学びたい教師必読。

関田聖和著　A5判・133頁　1800円

# 専手必笑！ インクルーシブ教育の基礎・基本と学級づくり・授業づくり

様々な子どもたちに対応する各教科の学習支援の手立てを紹介。インクルーシブ教育の必須事項が詰まった一冊。

柴田録治監修　岡崎市算数・数学教育研究部編著　B5判・256頁　2200円

# 算数科の深い学びを実践する

小学校算数科における「主体的・対話的で深い学びの実現」の鍵となる「数学的な見方・考え方」に基づく算数科の指導法を詳述。

小山儀秋監修　竹内淑子著　A5判・148頁　1800円

# 教科の一人学び「自由進度学習」の考え方・進め方

一人ひとりの個性に合わせた深い学びを実現する教科の一人学び「自由進度学習」の考え方や進め方，学習環境の作り方，教師の構え等を詳述。

表示価格は本体価格です。別途消費税がかかります。